kölner karnevalsmuseum

Tradition, Faszination, Vielfalt

kölner karnevalsmuseum

Tradition, Faszination, Vielfalt

Herausgegeben von Michael Euler-Schmidt

Mit herzlichen Grüßen
von Michael
8/6/06
Köln.

J.P. Bachem Verlag

Inhalt

Ein lange geträumter karnevalistischer Traum

Michael Euler-Schmidt

„Wenn man über Geschichte schreibt, dann muss man Geschichte zitieren."
Walter Benjamin

1862 erschien im preußisch besetzten Köln ein bisher unbekannter „Katalog zur ersten carnevalistischen Kunst-Ausstellung". Der anonyme Autor, der gleichzeitig auch Kurator der Ausstellung war, hatte angeblich in einem Saal des „Hotel Du Dome" (heutiges Dom-Hotel) eine Ausstellung mit kunsthistorisch interessanten Bildern bis hin zu Karnevalensia zusammengetragen. Auf der Rückseite des kleinen Katalogheftes gibt es eine nur noch schlecht erhaltene Abbildung, unter der aber lesbar steht: „Das neue carnevalistische Museum mit seiner Umgebung". Der Autor widmete den kleinen Katalog „den verehrlichen Mitgliedern des Narrenlandtages" und er schließt sein Vorwort mit dem Ausruf: „Alaaf Colonia; Vergiss mein nicht!"

Abb. Seite 7: Leporello-Entwurf: Kostümhilfe für Kölner Bürger, um 1830

Katalogheft von 1862 zum ersten geplanten Karnevalsmuseum in Köln

Nun ist aus damaliger und heutiger Sicht das Dom-Hotel auf dem Roncalliplatz sicherlich ein ungewöhnlicher Ort für ein Karnevalsmuseum. Schon unser ungenannter Autor hatte das damals erkannt und ließ auf der rückseitigen Abbildung auch gleich eine große Schar von Besuchern von einer gerade eingefahrenen Eisenbahn zum Hotel Du Dome strömend festhalten.

Der Ausruf des Autors „Vergiss mein nicht!" bezog sich – da er anonym bleiben wollte – sicherlich nur auf seine Idee des Museums. Ob das Karnevalsmuseum im Hotel Du Dome damals wirklich Realität geworden ist, bleibt im Verborgenen. Es ist nichts dazu überliefert. Fest steht aber, dass dieser Visionär, dieser Vordenker, nachweislich zum ersten Mal ein Karnevalsmuseum für Köln formulierte.

Der unbekannte Autor, der sein Vorwort mit „civis" (Bürger) unterzeichnete, lebte in einer Zeit, in der der Kölner Karneval nach einer Periode der politischen Reaktion zu seiner inneren Stabilität zurückgefunden hatte und die Rosenmontagszüge ganz selbstbewusst gegen die damaligen preußischen Besatzer in den Jahren 1862 und 1863 „Narrenlandtage I. und II." als Thema hatten.

Viele Jahrzehnte sollten danach vergehen, in denen ein Karnevalsmuseum in Köln kein Thema war. Immer wieder aber gab es Sonderausstellungen zum Bereich Karneval, vor allem Anfang des 20. Jahrhunderts. 1925 wurde dem Karneval eine eigene Abteilung in der „Jahrtausendausstellung" der Rheinlande gewidmet. 1933/34 gab es gar eine Sonderschau im Kunstgewerbemuseum anlässlich des 111-jährigen Bestehens des organisierten Kölner Karnevals. In dem 1927 gegründeten „Rheinischen Museum" (dann „Haus der rheinischen Heimat") wurde der Karneval genauso nur in kleinen Ausstellungseinheiten zitiert wie heute in dem daraus hervorgegangenen Kölnischen Stadtmuseum.

Als 1965 das Festkomitee des Kölner Karnevals in der Antwerpener Straße 55 eine Immobilie bezog, wurde auch der Geschichte des Kölner Karnevals größere Aufmerksamkeit zuteil. Die ehrenamtlichen Archivare Christian Wolfgarten und später dann Gerhard Wilczek erarbeiteten gemeinsam mit Max-Leo Schwering vom Kölnischen Stadtmuseum ein Archiv. Doch auch das neue Haus wurde nur mit einer kleinen Sonderausstellung zur Geschichte des Kölner Karnevals am 11. November 1967 eröffnet. Anfang der 1980er Jahre plante der damalige Festkomiteepräsident Bernd Assenmacher gemeinsam mit dem Vorsitzenden des Großen Senats Jan Brügelmann die Erweiterung des Archivs zum Museum. Zu diesem Zweck beschlossen die Mitglieder des Großen Senats 1983 eine Änderung des Vereinszwecks unter dem Dach eines eingetragenen gemeinnützigen Vereins: „Heimatmuseum Köln". 1985 wurde dann im Haus in der Antwerpener Straße ein kleines Museum zum Kölner Karneval eröffnet, das damals wie heute von der wissenschaftlichen Forschungs- und Sammlungstätigkeit der Abteilung „Brauchtum" des Kölnischen Stadtmuseums profitierte. Hier ist die Fortführung des karnevalistischen Traumes von 1862 festzuschreiben. Positiv begleitet wurden das Museum und das Archiv des Festkomitees auch in den fol-

Hans-Horst Engels mit seiner Frau Trauti in der Session 2004/2005

genden Jahren von den Festkomitee-Präsidenten Rudi Herrmann und Gisbert Brovot.

Am 13. Juni 1994 wählte die Jahreshauptversammlung des Festkomitees Hans-Horst Engels zu ihrem Präsidenten.
An einem Sonntagmorgen im Jahre 1997 fuhr Hans-Horst Engels eher zufällig über den Maarweg. Fast beiläufig las er das Schild „Zu verkaufen": Die Firma Buderus bot hier ihr Areal zum Verkauf an. Hans-Horst Engels führte zunächst seine Gespräche mit den Kölner Banken. Er hatte eine Idee und er war auf der Spur unseres unbekannten Autors von 1862. Die Banken signalisierten ihm Rückhalt, und er offenbarte sich gegenüber seinem Festkomiteevorstand. Mit Rainer Benner fand er einen Immobilienfachmann, der ihn in der frühen Anfangsphase begleitete. Doch viele aus seinem Umfeld zeigten Unverständnis gegenüber dem Vorschlag, eine solche Immobilie für den Kölner Karneval zu erwerben. Letztendlich fiel die Entscheidung zum Kauf auf den Fluren der Buderus-Immobilie.

Auslöser aber für die Umsetzung der Museumsidee am Maarweg waren für Hans-Horst Engels das 175-jährige Jubiläum des Festkomitees 1998 und die Ausstellung im Kölnischen Stadtmuseum „175 Jahre ... und immer wieder Karneval". Für ihn war nicht diese Ausstellung, aber das Raumangebot zu klein, und deshalb plante er von Anfang an bei der Immobilie am Maarweg die untere Etage mit über 700 Quadratmetern Ausstellungsfläche als „Kölner Karnevalsmuseum" ein. Natürlich wurde dieser Standort kontrovers in der Öffentlichkeit diskutiert. Das Museum an sich wurde dagegen nie in Frage gestellt. Hans-Horst Engels aber hielt an seiner Idee

Maskenzug von 1825, Lithografie von J. Schlappal

des Museums am Maarweg fest. Er tat dies mit einer Hartnäckigkeit und einem persönlichen Einsatz, der für viele in seinem Umfeld zunächst irritierend war. Hans-Horst Engels träumte gegen den „Mainstream", und er träumte öffentlich und zielorientiert. Er fand Rückhalt bei seinem damaligen internen Vorstand, Helmut Wicharz, Hans Gernert, Alexander Frhr. von Chiari und auch bei Franz Wolf, mit dem er Anfang 1998 zum ersten Mal alleine in dem Gebäude war. Im August 1998 wurde der notarielle Kaufvertrag für die Immobilie unterzeichnet, und im Oktober 1998 ging das Gelände in das Eigentum der GmbH des Festkomitees über.

Als am 9. September 1999 die Eröffnung des „Hauses des Kölner Karnevals" gefeiert wurde, war die Diskussion um das Museum noch in vollem Gange, bevor das Museumskonzept im Jahr 2001 von Matthias von der Bank und Anne-Doris Fluck präsentiert wurde.

Am 29. Juli 2003 wurde der Grundstein für das Karnevalsmuseum gelegt und der Beginn des Ausbaus in Angriff genommen. Mit finanzieller Unterstützung des Großen Senats, der GmbH des Festkomitees sowie des Landschaftsverbandes Rheinland konnten die Bauabschnitte des Museums bis zum heutigen Tag verwirklicht werden. Viele hauptamtliche und vor allem ehrenamtliche Mitarbeiter engagierten sich für das Museum. So auch Markus Ritterbach ab 2002 im Bereich des Finanzwesens des Festkomitees des Kölner Karnevals von 1823 e.V. und Jürgen Palm als Finanz-Geschäftsführer der Gemeinnützigen Gesellschaft des Kölner Karnevals mbH. Hanspeter Kottmair engagierte sich als Architekt für den Gesamtkomplex. Das, was oft ehrenamtlich geleistet wurde, sollte nicht vergessen werden. Dadurch wurden zusätzliche finanzielle Belastungen abgefangen. Genauso wenig darf

Rondorf/Hochkirchen
Meschenich
Immendorf
Sürth
Godorf
Rodenkirchen
Weiß
Porz-Ensen/Westhoven
Porz
Ostheim
Porz-Langel
Porz-Wahn

man die zusätzlichen Ankaufaktivitäten des Großen Senats für das Museum in den letzten Jahren vergessen.

Im Jahr 2005 ist der Traum von 1862 Wirklichkeit geworden. Köln hat jetzt als erste der rheinischen Karnevalshochburgen ein eigenes großes Karnevalsmuseum. Natürlich hat Hans-Horst Engels dieses Museum nicht alleine umgesetzt. Doch als Präsident des Festkomitees Kölner Karneval war er es, der dieses Museum am Maarweg in seinem 11. Amtsjahr zum Leben erweckt hat. Unstrittig ist, dass es keinen Festkomitee-Präsidenten in den letzten Jahren in Köln gegeben hat, der sich so rückhaltlos und auf den Punkt genau für dieses Museum eingesetzt hat. Nun gilt es mit Hilfe des Publikums, das Karnevalsmuseum in Köln und in der Region populär zu machen. Es gilt aber auch, dieses Museum mit anderen Institutionen sinnvoll zu vernetzen. Der Karneval als wichtiges Kulturgut ist identitätsstiftend und Teil der Kölner Stadtgeschichte.

Lappenclowns stehen vor dem Eingang des Kölner Karnevalsmuseums. Das Original ließ Hans-Horst Engels in der Porzellanmanufaktur Meissen fertigen. Der Lappenclown ist der Wegweiser zum Museum. Er verkörpert die Sehnsucht der Menschen, sich und die Welt einmal anders zu erleben.

Das Kölner Karnevalsmuseum

Ein Leitfaden durch die Ausstellung

Matthias von der Bank

Das Kölner Karnevalsmuseum besteht aus zwei großen Bereichen: einer historischen Ausstellung, in der die Geschichte des Kölner Karnevals von den Anfängen bis zur Gegenwart nachgezeichnet wird, und einer Museumshalle, in der Festwagen, Großfiguren und Kostümpuppen einen Erlebnisbereich bilden. Die historische Ausstellung folgt der Chronologie. Neben der Nachzeichnung des geschichtlichen Ablaufs gibt es auch Abteilungen mit thematischen Vertiefungen. Der Besucher kann diesen Ausstellungsführer begleitend mit in die Ausstellung nehmen, da sich die Gliederung des Museums im Führer wiederfindet.

KaLLE ALAAF

Antike

Seit Jahrhunderten schon haben Forscher nach den Wurzeln des Karnevals gesucht. Dabei stießen sie auf Schriften von antiken Autoren, die religiöse Feste beschrieben, die in mancher Beziehung dem Karneval ähnelten. Diese im Römischen Reich verbreiteten Feste hatten zwar dem Karneval verwandte Formen, jedoch war ihr Sinn ein ganz anderer. Sie fanden stets zu Ehren einer bestimmten antiken Gottheit statt. So gab es während der zu Ehren des Gottes Saturn gefeierten Saturnalien eine Aufhebung der Stände und einen gewählten Fürsten, dem sich alles zu fügen hatte. Man feierte mit üppigen Gastmählern und Gelagen. Weithin bekannt sind auch die Feste des Weingottes Dionysos, römisch Bacchus genannt, eben die sprichwörtlich gewordenen Bacchanalien.
Im Römischen Reich herrschte religiöse Toleranz, neben den römischen Staatsgöttern wurden die einheimischen Kulte der unterworfenen Provinzen geduldet. Teilweise gewannen diese eingebürgerten Gottheiten selbst wieder Anhänger im ganzen Reich. Zu diesen importierten Kulten gehörten die Feiern zu Ehren der Isis und der Kybele. Die Feste wurden aufwändig mit Umzügen von Maskierten und Musikanten gefeiert.
Die römischen Legionäre, die aus allen Teilen des Reiches stammten, verbreiteten die Kulte. Da das linksrheinische Deutschland mit Köln zum Römischen Reich gehörte, lassen sich viele dieser Kulte archäologisch auch in Köln nachweisen. Ob die Feiern auch in Köln in größerem Umfange stattfanden, lässt sich aber mangels sicherer schriftlicher Zeugnisse nicht feststellen. Zumal die orientalischen Kulte dürften in Köln nur eine begrenzte Anhängerschaft gewonnen haben.
Es bleibt festzuhalten: Die Römer feierten keinen Karneval. Ihre Kulte hatten einen anderen Sinn, so ähnlich diese Kulte dem Karneval auch zu sein scheinen. Zudem sind sie alle mit dem Untergang der römischen Herrschaft verschwunden. Schon zu römischer Zeit gewann auch das Christentum immer mehr Zulauf und verdrängte die anderen antiken Religionen. Eine ungebrochene Überlieferung von den antiken Festen zur mittelalterlichen Fastnacht gab es nicht. Trotzdem hatten sie Einfluss auf die Geschichte des Karnevals. Viele neuzeitliche Festgestalter lasen die Beschreibungen der römischen Schriftsteller. Sie gestalteten ihre Feiern nach „römischem Vorbild". Auch die Kölner Karnevalisten des

Abb. links: Theatermaske aus Ton, 3. Jahrhundert (Kopie), gefunden 1899 in Köln im Bereich des römischen Flottenlagers. Römisch-Germanisches Museum, Köln

19. Jahrhunderts suchten immer wieder Anregungen aus der Antike für den Rosenmontagszug. Das Bewusstsein, in einer Stadt mit römischen Wurzeln zu leben, war in Köln stets vorhanden. Maskierungen wurden in der Antike aus unterschiedlichen Anlässen vorgenommen. Sei es bei Maskenumzügen, sei es bei Schauspielen. So trugen die Theaterschauspieler Masken, durch die ihre Typen charakterisiert wurden. Die komische Maske (Abb. S. 14) dürfte allerdings eher ein Schaustück zur Wanddekoration gewesen sein, da sie zu schwer zum Tragen ist.
Viele Darstellungen zeigen, dass Masken weltweit als Dekorelement verbreitet waren. Unterschiedlichste Motive sind bekannt: Köpfe eines Faun, eines Sartyr oder eines Silen oder nicht näher zu bestimmende komische und groteske Masken.

„Ein jeder ging nach seiner Phantasie aufs Komischste maskiert. Der eine, mit einem Schwertgehänge über der Schulter, stellte einen Soldaten dar; der andere, einen Mantel um, mit derben Stiefeln und in der Hand einen Jagdspieß, war ein Jäger. Ein dritter, in goldenen Schuhen, von einem seidenen Gewand umflossen, mit dem köstlichsten Geschmeide geschmückt, die Haare um den Kopf in Flechten gewunden, schwebte als Frau einher.
Noch ein anderer, mit Beinschienen, Schild, Helm und Schwert ausgerüstet, schien eben aus einer Fechterschule zu kommen. Einer war auch da, der mit einem purpurverbrämten Kleid und mit Fackeln eine Magistratsperson darstellte. Nicht minder sah man einen mit Mantel, Stock, Sandalen und langem Ziegenbart den Philosophen spielen.
Es fehlte auch nicht an solchen, die mit Leim- und Angelruten die Vogelsteller und Fischer nachäfften. Auf einem Tragsessel prangte ferner ein zahmer Bär, in eine vornehme Dame verkleidet. Ein Affe folgte ihm, als Mundschenk des Zeus herausgeputzt: eine geflochtene Mütze auf, einen safrangelben, phrygischen Rock an und einen goldenen Becher in der Hand. Den Beschluss machte ein Esel, dem man Fittiche angeklebt hatte und dem zur Seite ein schwacher Alter ging: Dieser sollte ein Bellerophon darstellen so wie jener den Pegasus; man musste lachen, wie man sie sah.
Nach diesen Possen, die dem umherschwärmenden Volk unsägliches Vergnügen machten, kam endlich die feierliche Prozession meiner Schutzgöttin [Isis] einher gezogen."

Zitat aus: Apuleius:
Der goldene Esel, ca. 170 n.Chr.

Öllampe mit Maskendarstellung, Römisch-Germanisches Museum, Köln

Solche Schilderungen antiker Kultfeste veranlassten viele moderne Forscher dazu, hier die Ursprünge des Karnevals zu sehen. Doch hat der geschilderte Maskenumzug einen anderen Sinn, er ist nur eine Vorgruppe für die Prozession der Priester und Götterbilder, die bei weitem den größten Teil des Festzuges zu Ehren der Isis ausmachten. Noch schwieriger ist es, aus solchen Texten Rückschlüsse auf die Situation in Köln zu ziehen. Zwar lassen sich in Köln Götterbilder der Isis nachweisen, doch scheint ihr Kult eher eine zahlenmäßig begrenzte Anhängerschaft gehabt zu haben. In den germanischen Provinzen beschränkte sich der Kult auf einige größere Orte.

Römische Firma-Lampe mit Maske, Römisch-Germanisches Museum, Köln

Mittelalter

Der Karneval ist im Hochmittelalter entstanden. Historisch einwandfrei belegbar ist er in Deutschland erst im 13. Jahrhundert. Auch im übrigen Europa ist er wohl nicht vor dem 12. Jahrhundert aufgetaucht.

Es gibt bis heute eine Diskussion, ob es im Karneval heidnische Elemente gab oder gibt, die sich bis auf die germanische Vorzeit zurückleiten lassen. Ähnlich wie für die vermeintlichen antiken Vorläufer gilt auch hier, dass es keinen historisch belegbaren Fall gibt, in dem sich die wenigen, verstreuten Einzelnachrichten von frühmittelalterlichen Volksbräuchen mit Karneval in Verbindung bringen ließen. Die weit verbreiteten Vorstellungen, die Fastnacht gehe auf „heidnische Vermummungen" oder „Winteraustreibungen" zurück, ruhen auf einem sehr unsicheren Fundament in der Überlieferung. Möglicherweise sind Elemente aus solchen alten Bräuchen in die spätere Fastnacht eingegangen, doch historisch belegen lässt sich dergleichen nicht. In Köln stammt die früheste schriftliche Erwähnung der Fastnacht sogar erst aus dem Jahr 1341. Dass es in Köln schon in der Römerzeit oder im Frühmittelalter Karneval gegeben haben soll, ist nach heutigem Wissen nicht beweisbar.

Im Gegensatz zu heute war die mittelalterliche Fastnacht ein Fest, das auf wenige Tage vor Beginn der Fastenzeit beschränkt blieb. Es war auch in seiner Bedeutung immer dem Fasten und dem Osterfest untergeordnet.

Seit der Karneval überhaupt schriftlich bezeugt ist, handelt es sich um ein christliches Fest in der Vorbereitung zur Fastenzeit. Ein „heidnisches" Fest hätte in der christlich religiösen Welt des Mittelalters niemals bestehen können. Daher war die Fastnacht auch nie als Ganzes von der Kirche verboten. Wohl gab es aber eine stetige moralische Kritik an den Ausschweifungen, zu denen es während der Feiern kam. Diese führte oftmals zu zeitweisen Verboten oder Einschränkungen, niemals aber zur gänzlichen Unterdrückung der Fastnacht.

„Ever sal der rait zu vastavende zu geinre geseltschaf volleyst geven van der steede gude" (Niemals soll der Rat zu Fastnacht einer Gesellschaft Unterstützung aus städtischen Mitteln gewähren). Erste Erwähnung des Kölner Karnevals im Jahr 1341 im Eidbuch des Rates der Stadt Köln.

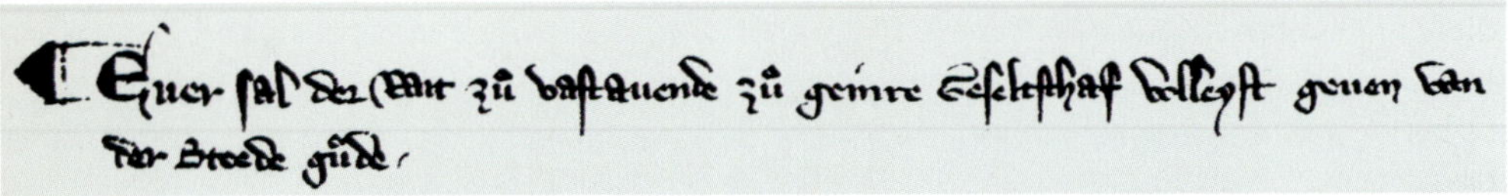

Die mittelalterliche Gesellschaft war in Stände unterteilt. Adel, Patrizier, Geistliche und Handwerker feierten auf ihre jeweils besondere Weise Fastnacht. Eine wichtige Rolle spielten die Gesellen der Handwerkszünfte. Jede Zunft feierte ihr eigenes Karnevalsfest, das auf ihr Handwerk Bezug nahm. Von diesen Feiern, die seit dem Mittelalter schriftlich überliefert sind, gibt es leider nicht allzu viele Bilder. In Köln werden sie nur in Schriften erwähnt. Einzig in Nürnberg sind diese mittelalterlichen Bräuche umfassend in Bildern überliefert. Der von 1449 bis 1539 belegte Fastnachtsbrauch der Nürnberger Schembartläufe ging aus den Umzügen der Metzger vor Beginn der fleischlosen Fastenzeit hervor. Das Wort Schembart oder Schönbart kommt von „Scheme“ und bedeutet Maske. Ende des 15., Anfang des 16. Jahrhunderts wurde der Zug mit immer aufwändiger gestalteten Zugschlitten abgehalten. Die einzelnen Zünfte führten Tänze vor, etwa den Reifentanz der Fassbinder oder den Schwertertanz der Schmiede.

Fasten und Fastnacht

Die Entstehung und Bedeutung der Fastnacht beziehungsweise des Karnevals ist eng mit dem christlichen Kirchenjahr verbunden, genauer gesagt dem Osterfest. Vor dem Osterfest wurde eine vierzigtägige Fastenzeit, in der Fleischverzehr untersagt war, streng beachtet. Der Tag vor dem Beginn der Fastenzeit, eben die „Fastnacht“, wurde noch einmal mit einem üppigen Gelage gefeiert. Fastnacht, Fasching (von „vastschank“) und das aus dem romanischen Sprachbereich stammende Wort Karneval (wörtlich: Fleischwegnahme) sind im Übrigen völlig bedeutungsgleich. Diese Festmähler zu Fastnacht sind die frühesten überlieferten Zeugnisse des Festes im Mittelalter. Erst im Laufe der Jahrhunderte entwickelten sich die komplexeren Festformen, wie Umzüge, Turniere und Bälle.
Dabei wurde das Fasten immer als das gottgewollte, tugendhafte Han-

Die illustrierte und kolorierte Handschrift von 1566 stellt den letzten Nürnberger Schembartlauf von 1539 dar. Dieses Faksimile von 1908 beruht auf der Handschrift in der Stadtbibliothek Hamburg.

deln gesehen, die Fastnacht dagegen als eine spielartige Zurschaustellung der „Verkehrten Welt", der Welt des Lasters oder des Närrischen. Fastnacht war also die einzige Zeit im Jahr, wo abweichendes, lasterhaftes Verhalten geduldet wurde. Der Hintersinn war aber stets, dass es sich nur um eine zeitlich begrenzte Zurschaustellung handelte. Am Aschermittwoch begann die Besinnung auf die christliche Wertordnung und ihre wesentliche Botschaft: das Osterfest. Erst die Reformation stellte die Fastnacht grundsätzlich in Frage, da das Fasten von Luther und den anderen Reformatoren abgeschafft wurde. Der Schwerpunkt der Fastnachtsfeiern lag seitdem in den katholischen Gebieten.

Pieter Bruegel der Ältere: Der Kampf zwischen Fastnacht und Fasten

Auf den ersten Blick scheint das Bild Pieter Bruegels des Älteren (Abb. rechts) ein buntes Treiben in einer flämischen Stadt in der Mitte des 16. Jahrhunderts darzustellen. Mit großer Liebe zum Detail scheint Bruegel hier das Volksleben beobachtet und direkt aus der Wirklichkeit abgemalt zu haben. Doch dieser erste Eindruck trügt völlig. In Wahrheit zeigt das Bild überhaupt kein Geschehen, das in der Wirklichkeit stattfindet. Es handelt sich hierbei vielmehr um die Versinnbildlichung eines theologischen Gedankengebäudes zum Thema Fastnacht. Gezeigt wird eine Art symbolisches Turnier, bei dem im Vordergrund die Verkörperungen von Fastnacht und Fasten miteinander kämpfen.
Jede Person hat eine ganz besondere Beschäftigung, nichts ist dem Zufall überlassen. Gezeigt wird also eine Art Bilderlexikon, das viele einzelne Sinnbilder versammelt, die sich alle um das Thema von Fasten und Fastnacht drehen. Dabei ist das Bild thematisch in zwei Hälften geteilt und von versteckten Gegensatzpaaren beherrscht: Die einzelnen frommen Szenen auf der rechten Seite finden oft ein direktes närrisches Spiegelbild auf der linken Seite. Einige Elemente seien hier vorgestellt:

Die Verkörperung der Fastnacht ist ein dicker Mann, der auf einem Fass reitet und als Lanze einen Bratspieß mit Fleischstücken führt. Eine Tischdecke dient ihm als Sattel, Töpfe sind seine Steigbügel. Auf dem Kopf balanciert er eine Vogelpastete. Die Fastnacht ist die letzte Gelegenheit für die Menschen Fleisch zu verzehren, bevor die vorösterliche Fastenzeit beginnt.
Die Verkörperung der Fastenzeit ist eine extrem magere Frau im grauen Bü-

ßergewand. Sie sitzt auf einem dreieckigen Kirchenstuhl. Auf der Stirn trägt sie das Aschenkreuz, das auf den Beginn der Fastenzeit an Aschermittwoch verweist. Auf ihrem Kopf befindet sich ein Bienenkorb, der als Symbol der Enthaltsamkeit galt, da man damals glaubte, Bienen vermehrten sich ungeschlechtlich. Als Waffe führt sie eine Brotschaufel mit zwei Heringen, weil Fisch als klassische Fastenspeise gilt. Auf dem Wagen liegen Fastenspeisen: Brezeln, Kekse, Feigen, Knoblauch und Miesmuscheln.

Hinter der Fastnacht folgt eine Gruppe von musizierenden und maskierten Narren, die mit Lärminstrumenten offensichtlich eine laute Geräuschkulisse erzeugen. Hinter der Personifikation der Fastenzeit folgt eine Gruppe von Kindern, die neben Fastenspeisen auch so genannte Fastenklappern mit sich führen. Diese waren ein Ersatz für die von Gründonnerstag bis Ostersonntag schweigenden Kirchenglocken.

Die Kirche ist die Heimat der Gläubigen. Innen sieht man die verhüllten Skulpturen der Heiligen und einen Priester, der die Kirchgänger mit dem Aschenkreuz versieht. Zentrum des Narrentums ist das Wirtshaus mit einem Schild, das ein blaues Schiff zeigt. Dahinter steckt das Symbol des „Narrenschiffes", das ein Gegenbild zum Schiff der Kirche ist.

Pieter Bruegel der Ältere:
Der Kampf zwischen Fastnacht und Fasten, 1559.
Reproduktion nach dem Original im Kunsthistorischen Museum, Wien

Barock

Grundlegende Veränderungen erfuhr die Fastnacht im Barock während des 17. und 18. Jahrhunderts. In dieser Epoche entwickelte sich in Europa der Absolutismus. Herausragender Vertreter war der französische König Ludwig XIV., der so genannte Sonnenkönig. In seiner Residenz in Versailles entstand ein prachtvolles höfisches Leben, das den deutschen Herrschern als Vorbild diente.
Mit dem Vordringen der höfischen Kultur aus Frankreich und Italien nach Deutschland begann sich auch die Fastnacht zu wandeln. Das lässt sich nicht zuletzt daran erkennen, dass jetzt zunehmend das romanische Wort „Karneval" an die Seite des alten deutschen Wortes „Fastnacht" trat.
Der Zeitgeschmack wurde dabei vom Adel geprägt, dessen Feste vom Bürgertum in bescheidenerer Art nachgeahmt wurden. Für den Kölner Raum ist der Hof der Kölner Erzbischöfe maßgeblich, die damals gleichzeitig weltliche Herrscher im Kurfürstentum Köln waren. Ihre Residenz lag nicht in der Stadt Köln, die freie Reichsstadt war, sondern in Bonn und Brühl, wo sie sich aufwändige Schlösser erbauen ließen. Dort wurde der Karneval mit prachtvollen Maskenbällen gefeiert. Die vornehmen Kölner Bürger waren natürlich zuweilen Gäste am kurkölnischen Hof. Die dortige Pracht war ihnen unerreichbar, aber in kleinerem Rahmen fanden auch in der Stadt Köln regelmäßig derartige Festveranstaltungen statt, die so genannten „Redouten".

Die höfischen Feste waren ganz nach dem Vorbild des französischen Sonnenkönigs Ludwig XIV. gestaltet. Man verkleidete sich nach italienischem und französischem Geschmack. Die maskierten Figuren des römischen und venezianischen Karnevals, wie Harlekin und Columbine, wurden rasch populär. Diese Figuren entstammen einer Form des italienischen Theaters, der so genannten „Commedia dell'Arte". In der Form von lustigen Stegreifschauspielen fand sie in ganz Europa Verbreitung. Diese Schauspiele wurden nicht nur bei Hofe, sondern auch im Bürgertum und beim einfachen Volk geschätzt.
An den Fürstenhöfen Europas veranstaltete man auch prächtige Festumzüge mit Musikanten, Festwagen und Fußgruppen von Maskierten. Je nach Reichtum des jeweiligen Fürsten gestaltete

François Rousseau: Bönnsches Ballstück, 1754. Das Bild zeigt einen Maskenball im Theatersaal des Bonner Schlosses, der Residenz des Kölner Erzbischofs und Kurfürsten Clemens August. Die Teilnehmer des Balles sind nach italienischer Art maskiert.

sich der Aufwand. Diese barocken Festzüge waren das Vorbild für die Rosenmontagszüge des 19. Jahrhunderts in Köln.
Die prunkvollen Feste wurden sorgfältig geplant und auch in kostbaren Illustrationen bildlich festgehalten. An den Höfen sammelte man derartige Illustrationen von Festzügen, Maskenbällen und einzelnen Kostümfiguren, um Anregungen für die Gestaltung der eigenen Feste zur Auswahl zu haben. Man begann sich in dieser Zeit systematisch mit dem Karneval zu beschäftigen. Dazu gehörte auch, dass man erstmals die Geschichte des Festes erforschte und nach seinen Ursprüngen fragte. Die ersten Bücher zur Karnevalsgeschichte erschienen in Deutschland zu Beginn des 18. Jahrhunderts.
Die im Barock neu entstandenen Kulturformen des Karnevals ersetzten die mittelalterliche Fastnacht nicht restlos. Vielmehr legten sie sich über die vorhandene alte Kulturschicht, vermischten sich mit ihr und verwandelten sie. Die Fastnachtsvergnügungen des einfachen Volkes waren weit vom höfischen Prunk entfernt. Sie sind viel weniger durch Illustrationen überliefert, weshalb es vom stadtkölnischen Karneval aus dieser Zeit auch keine Abbildungen gibt.

Martin Klötzel: Der von Dem Durchlauchtigsten Chur-Fürsten zu Sachsen (...) Frederico Augusto, In Dero Residence Dreszden, Donnerstag den 7. Febr. 1695 (...) angestellte und gehaltene Götter-Aufzug, Dresden 1697.

Die üppig illustrierte Darstellung vom Dresdner Festzug (Abb. oben) beschreibt den ersten Karnevalsfestzug am Hofe August des Starken (1670–1733), seines Zeichens Kurfürst von Sachsen ab 1694 und König von Polen ab 1697. In 20 doppelseitigen Kupferstichen wird ein typischer Festzug der höfischen Festkultur des Barocks nachgezeichnet, der aus Musikkapellen und Festwagen mit allegorischen Darstellungen aus der antiken Mythologie besteht. An der Spitze reitet der Kurfürst selbst als Merkur, gefolgt von weiteren Göttern, die durch die Mitglieder des sächsischen Hofstaates dargestellt werden.

Im Jahr 1708/09 wurde in Meißen das europäische Porzellan erfunden und schon 1710 die Meissener Manufaktur gegründet. Das Porzellan eignete sich hervorragend für die Darstellung feingliedriger und kompliziert bewegter Figuren. Schon unmittelbar nach Gründung lassen sich die ersten Figurenserien zur Commedia dell'Arte nachweisen. So konnte der vielleicht bekannteste Modelleur der Manufaktur, Johann Joachim Kaendler (1706–1775), bereits auf eine bestehende Tradition aufbauen, als er im Jahre 1731 nach Meißen kam. Über Jahrzehnte variierte Kaendler die Grundtypen in immer neuen Fassungen. Für das Kölner Karnevalsmuseum wurden Figuren aus relativ späten Serien angeschafft. Sie stammen aus den Jahren 1764 und 1771/72. Ergänzt werden sie von einer etwas früheren Harlekinfigur von Johann Friedrich Eberlein aus dem Jahr 1743.

Arlecchino (Harlekin)
Die Figur geht auf eine volkstümlich komische Vorstellung vom gewitzten norditalienischen Bauern zurück, jedoch wird er meist als nicht besonders geschickt und klug dargestellt. Er handelt impulsiv und unüberlegt, wodurch er oft für seine dreisten Handlungen büßen muss. Ebenso leicht entflammt ist er in Liebesdingen. Trotz seiner lustigen Misserfolge bleibt er aber unverdrossen in seiner naiven, spaßigen Weltsicht.

Columbine
Der Name der Figur ist von „colomba" (Taube) abgeleitet. Sie ist die raffinierte Dienerin, die kein Blatt vor den Mund nimmt. Meisterhaft versteht sie das Inszenieren von Intrigen und das Verwischen von Spuren. Sie stiftet Verwirrung und findet in heiklen Situationen immer eine Ausrede. Während sie so die Affären ihrer Herrin voranbringt, ist sie selbst in Arlecchino verliebt.

Franzosenzeit

Die Französische Revolution markiert den Beginn einer völlig neuen Epoche der europäischen Geschichte. Die seit Jahrhunderten freie Reichsstadt Köln wurde davon ebenso betroffen wie das Kurfürstentum Köln und der Kölner Erzbischof. Am 6. Oktober 1794 besetzte die französische Revolutionsarmee Köln. Nach einer Übergangszeit wurde das linke Rheinufer mit Köln durch den Friedensschluss von 1797 an Frankreich abgetreten. Köln war nicht mehr besetzte Stadt, sondern ganz regulär Teil des französischen Staates bis zur Niederlage Napoleons 1814.

Die seit Jahrhunderten bestehende Gesellschaftsordnung Kölns wurde radikal umgestaltet. Aufgelöst wurden der Rat der Stadt, die Zünfte, die Universität und die Klöster. Damit wurde den bisherigen Trägern der Kölner Fastnacht der Boden entzogen. Vollständig aufgehoben wurde auch das Kurfürstentum Köln, der Erzbischof musste fliehen. Schlagartig wurde damit auch dem höfischen Karneval ein Ende bereitet.

An die Stelle der alten feudalen Ordnung trat die neue bürgerliche Gesellschaft der französischen Republik. Verwaltung und Rechtsprechung wurden nach französischem Muster klar und zentralistisch neu organisiert. Erstmals wurde durch den „Code civil", das Zivilgesetzbuch, die Rechtsgleichheit sowie die Religions- und Vertragsfreiheit aller Staatsbürger garantiert. Der „Code civil" galt in Köln bis zur Einführung des Bürgerlichen Gesetzbuches im Jahr 1900.

Errichtung des Freiheitsbaums auf dem Neumarkt 1794, Kölnisches Stadtmuseum

Der Karneval passte sich den neuen Gegebenheiten an. Nach einem vorübergehenden Verbot während der militärischen Besetzung wurde der Karneval 1799 wieder zugelassen. Er war nun aber ein bürgerliches Fest. Man feierte locker in den Wirtschaften und Ballsälen sowie zu Hause und auf der Straße. Eine zentrale Organisation des Festes oder einen großen Festzug gab es noch nicht. Unter der französischen Herrschaft verstärkte sich der Einfluss der romanischen Karnevalsformen. Die Maskierten zogen, nach italienischer Art verkleidet, einzeln oder in kleinen Gruppen durch die Straßen.

Von links nach rechts: Kaspar Bernhard Hardy, Matthias Joseph De Noël, Ferdinand Franz Wallraf. Ölgemälde von Everhard Bourel, 2. Drittel des 19. Jahrhunderts, Kölnisches Stadtmuseum

Keineswegs handelte es sich aber um eine Krisenperiode für den Karneval. In napoleonischer Zeit gewann der Karneval neues Leben in einer neuen Form. Waren es früher die ständischen Gruppen, wie Patrizier, Zünfte oder kirchliche Gemeinschaften, die die Stadtkultur prägten, so bildeten sich nun bürgerliche Zusammenschlüsse, in denen zwanglos verschiedene Aspekte der städtischen Kultur diskutiert wurden. Am bekanntesten ist die „Olympische Gesellschaft", zu deren Mitgliedern der Kunstsammler Ferdinand Franz Wallraf gehörte, dessen Sammlung das heutige Wallraf-Richartz-Museum begründete. Für den Karneval bedeutend ist Matthias Joseph De Noël, der hier erste Gedichte und Stücke zur Fastnachtszeit schrieb. De Noël gehörte später zu den Gründern des Kölner Festkomitees.

Derartige bürgerliche Gesellschaften sind aber nicht als direkte Vorläufer des Festkomitees oder der Karnevalsvereine zu bezeichnen, eher als der Beginn einer bürgerlichen Organisation des städtischen Kulturlebens. So kurz die Franzosenzeit in Köln auch währte, die gesellschaftlichen Umwälzungen, die während dieser Zeit stattfanden, waren grundlegend für die Reform des Karnevals, die aber erst zehn Jahre später vollzogen werden sollte.

Der Romantische Karneval

Durch den Wiener Kongress von 1815 wurde Köln Teil der preußischen Rheinprovinz. Die Beziehung der überwiegend katholischen Kölner Bürger zur preußisch-protestantischen Staatsmacht gestaltete sich nicht immer spannungsfrei. Durch die Umwälzungen während der Franzosenzeit hatten sich bürgerlich-liberale Vorstellungen in Köln verbreitet. Allen diesen liberalen, demokratischen oder nationalstaatlichen Ideen traten die deutschen Fürs-ten strikt entgegen. Um die Opposition zu unterdrücken, wurde 1819 durch die Karlsbader Beschlüsse die Presse einer strengen Zensur unterstellt.

Während in der Franzosenzeit noch ein vielfältiges Karnevalsleben existierte, nahmen die Aktivitäten in den ersten Jahren der preußischen Herrschaft spürbar ab. Straßenkarneval fand im Wesentlichen nach italienischer Art statt, wobei einzelne Masken und kleine Maskenzüge durch die Straßen schwärmten. Um den Kölner Karneval neu zu beleben, fanden sich im Herbst 1822 einige engagierte Bürger zusammen, die durchweg dem Bildungs- und Besitzbürgertum angehörten. Sie schufen ein programmatisches Gesamtkunstwerk, das aus dem Geist der Romantik geboren war.

Mit gerade 26 Jahren wurde Heinrich von Wittgenstein (1797–1869) im Jahre 1823 erster Präsident des Festordnenden Comités. Darüber hinaus war er Leiter der Kölner Armenverwaltung. Kölnisches Stadtmuseum

Ein „Festordnendes Comité“ plante erstmals 1823 einen Festzug, der unter einem bestimmten Motto stand und Wagen-, Fuß- und Reitergruppen entlang eines festgelegten Zugweges führte. Es war dies eine bürgerliche Version der fürstlichen, barocken Festzüge. Nach italienischem Vorbild gab man dem Fest durch die Ernennung eines närrischen Herrschers, des „Königs (später: Held) Carneval“, einen Mittelpunkt.

Die zentrale Organisation ermöglichte auch eine bessere polizeiliche Überwachung des Festes. Die preußische Obrigkeit konnte so die politische Ausrichtung des Ganzen kontrollieren. Polizeiliche Bekanntmachungen regelten den Ablauf der Feiern und setzten dem Treiben Grenzen.

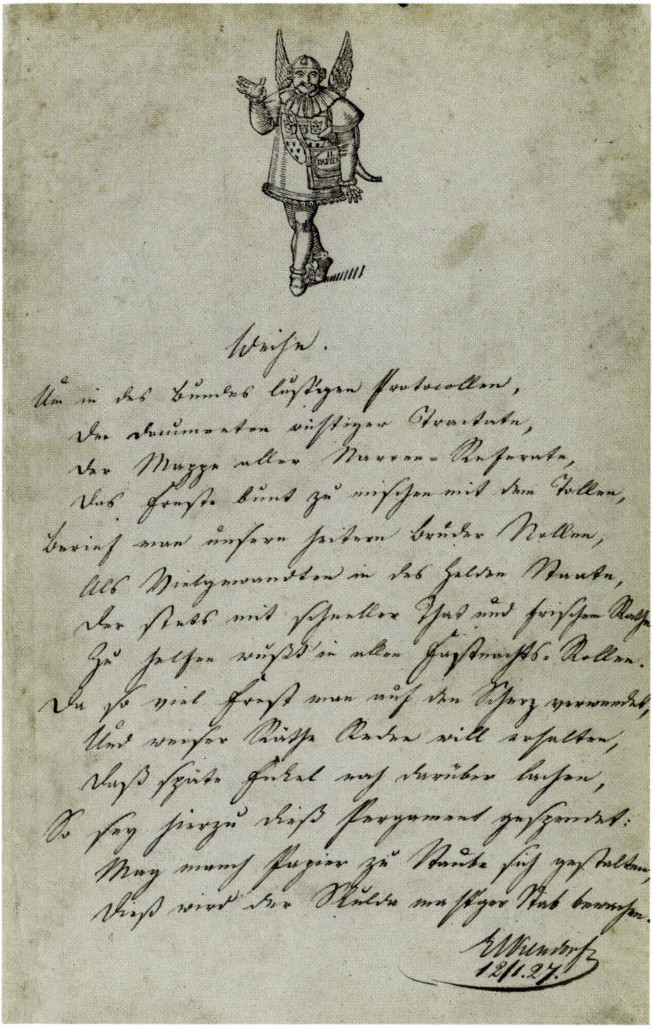

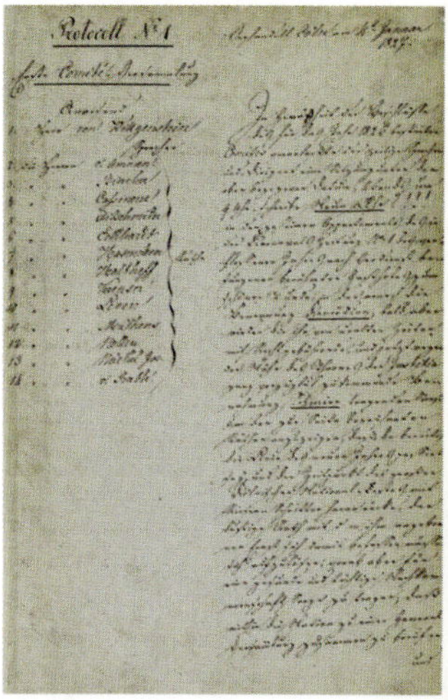

Frühestes Aktenstück im Karnevalsmuseum ist das Protokollbuch des Festordnenden Comités von 1827. Es enthält die wichtige Passage, die zur „Erfindung“ der Kölner Karnevalsmütze führte. Der preußische Generalmajor von Czettritz und Neuhaus hatte am 14.1.1827 eine folgenreiche Idee: „Darum erlaube ich mir den Vorschlag, dass wir hinfür als Unterscheidungszeichen der Eingeweihten ein kleines, buntfarbiges Käppchen während unserer Versammlungen aufsetzen, um diejenigen, die hier unberufen eindringen, erkennen und nach Verdienst abweisen zu können.“ Seitdem ist die Mütze ein unentbehrliches Requisit aller Kölner Karnevalsgesellschaften.

Wichtig für die Reform des Karnevals war ferner die sozialpolitische Komponente. Um die städtische Armenpflege zu unterstützen, konnte man die Wiedereinführung einer „Lustbarkeitsabgabe“ erreichen. Jeder Teilnehmer, der öffentlich eine Maske tragen wollte, musste dafür gegen Gebühr bei der Armenverwaltung eine Karte kaufen.

Maskenzug von 1824, altkolorierte Kreidelithografie von W. Goebels und H. Goffart

Man kann also der Kölner Karnevalsreform von 1822/23 eine politische, eine soziale und eine künstlerische Dimension zusprechen. Der Erfolg der ersten Rosenmontagszüge in Köln 1823 und 1824 war so groß, dass sie in beachtlicher Zahl bereits auswärtige Besucher anzogen. Das Kölner Gaststätten- und Hoteliergewerbe konnte erheblich vom Karneval profitieren. Kein Wunder, dass die Kölner Karnevalsreform binnen kurzem in den Nachbarstädten Bonn, Aachen und Düsseldorf, später im weiteren Rheinland, ja auch in entfernteren Regionen Deutschlands nachgeahmt wurde.

Delphinwagen mit dem „Held Carneval", Detail aus einer Lithografie mit der ersten Gesamtdarstellung eines Kölner Rosenmontagszuges, 1824

Der Kölner Rosenmontagszug von 1824 ist der erste ausführlich in Bildern dokumentierte Zug. Die Lithografien (Abb. links oben) zeigen sehr deutlich, dass er eine romantische Neuinterpretation barocker Vorbilder ist. Völlig verschiedene und bisher nicht im Karneval gemeinsam anzutreffende Traditionen werden in einem Akt künstlerischer Neuschöpfung verschmolzen. Motive der kölnischen Stadtgeschichte, wie die Roten Funken, werden gleichberechtigt neben Figuren aus dem italienischen Karneval und der Commedia dell'Arte gesetzt.

Der Romantische Karneval hat zweifellos den Kölner Karneval auf ein neues Niveau gehoben. Seine Organisation durch einen freien bürgerlichen Verein war ein zukunftsweisendes Modell. Einschränkend muss man aber darauf hinweisen, dass es sich um die Angelegenheit einer bürgerlichen Oberschicht handelte. Mit dem Erstarken demokratischer Ideen im Vorfeld der Revolution von 1848/49 begehrten zunehmend weitere Kreise der Bevölkerung Zugang und Einfluss im Karneval.

Simon Meister: Der Rosenmontagszug des Jahres 1836 auf dem Neumarkt (Dia nach dem Original im Kölnischen Stadtmuseum).
Der Zug hatte das Motto „Der Stein der Weisen".

Reform und Revolution

Die liberalen und demokratischen Ideen der ersten Hälfte des 19. Jahrhunderts gewannen zunehmend Einfluss auf den Kölner Karneval. Sprachrohr der neuen Entwicklungen wurde Franz Raveaux (1810–1851), zeitlebens ein Vorkämpfer für Volkssouveränität und Demokratie, der später, als der politische Konflikt in der Revolution von 1848/49 ausbrach, zum Abgeordneten für die neue Nationalversammlung in der Frankfurter Paulskirche gewählt wurde.

Urkunde der „Allgemeinen Karnevalsgesellschaft“, die 1844 von Raveaux gegründet wurde

Franz Raveaux (1810–1851), Lithografie

Seit der Gründung des Festordnenden Comités 1823 gab es nur eine Kölner Karnevalsgesellschaft. Den Ton gab hier das Besitz- und Bildungsbürgertum an. Raveaux konnte sich auf seine große rednerische Begabung verlassen, als er es 1844 schaffte, in den Rat der Stadt einzuziehen. Ebenso gelang es ihm, in der Karnevalsgesellschaft eine wichtige Rolle zu spielen. Er war damals einer der populärsten Kölner Bürger und konnte sich auf das mittlere Bürgertum wie Handwerksmeister und Ladeninhaber stützen.

1844 kam es zur Spaltung der Karnevalsgesellschaft. Raveaux gründete eine neue Vereinigung, die „Allgemeine Karnevalsgesellschaft", und konnte einen Großteil der alten Mitglieder auf seine Seite ziehen. Leider sind keine Karnevalsreden von Franz Raveaux schriftlich überliefert.

Als 1849 die demokratische Revolution in Deutschland scheiterte, wurde Franz Raveaux in Abwesenheit zum Tode verurteilt und musste ins belgische Exil, wo er 1851 starb. Das Scheitern der Revolution bedeutete zwar zunächst das Ende der politischen Bestrebungen, aber die Verbreiterung der gesellschaftlichen Basis des Kölner Karnevals war nicht mehr aufzuhalten. Immer neue Gesellschaften wurden in der zweiten Hälfte des 19. Jahrhunderts gegründet.

Die Funken im Jahr 1848.
Die Lithografie der Funken zeigt in satirischer Form das Scheitern der Revolution in Köln. Es wurden zwar Barrikaden in Kölns Straßen aufgebaut, doch als die Preußen dann anrückten, fand sich niemand, der sie zu verteidigen bereit gewesen wäre. Dies wird kommentiert durch eine Anspielung auf die Roten Funken, d.h. die alten Kölner Stadtsoldaten, die im Jahr 1794 Reißaus nahmen, als sich die französische Revolutionsarmee der Stadt näherte.

Kaiserzeit

Die Zeit vor dem Ersten Weltkrieg war eine Zeit rasanten Fortschritts auf allen Gebieten. Deutschland wurde zu einem modernen Industriestaat mit rasch wachsender Bevölkerung.
Als Folge der schnell steigenden Einwohnerzahl nahm in Köln auch die Zahl der Karnevalsvereine zu. Nicht nur wohlhabende Bürger, auch die weniger vermögenden Schichten wollten stärker am Fest teilhaben. Erst jetzt bildeten sich dabei Karnevalsvereine im heutigen Sinne heraus, während die früheren Zusammenschlüsse eher lose Gruppen gewesen waren. Noble Frackgesellschaften für das gehobene Bürgertum gab es jetzt ebenso wie kleine, oftmals stadtteilbezogene Vereine für die weniger finanzkräftigen Schichten.
Bestimmend aber waren allein die beiden größten Gesellschaften mit über tausend Mitgliedern, nämlich „Die Große Karnevalsgesellschaft" und „Die Große Kölner Karnevalsgesellschaft". Sie stellten abwechselnd den Präsidenten des Festkomitees.

Elferratskette der Kölner Narrenzunft aus der Kaiserzeit. An der Kette ist als Schmuckstück das Original des ersten Kölner Karnevalsordens aus dem Jahr 1838 angebracht.

Politisch bedeuteten Bismarcks Kriege zur deutschen Einheit und die Gründung des Deutschen Kaiserreichs 1871 einen Umbruch auch in der Karnevalsgeschichte. Wurde die Welt im Karneval bisher eher aus einem bürgerlich-liberalen Blickwinkel närrisch betrachtet, so traten jetzt reichspatriotische Themen und Stimmungen stärker in den Vordergrund, wie sich an den Texten von Büttenreden und Liedern, aber auch an den Wagen der Rosenmontagszüge ablesen lässt. In der Zeit um 1900 war der Kölner Karneval längst in die preußische Monarchie integriert. Die politischen Vorbehalte früherer Jahrzehnte gerieten nach 1871 zunehmend in Vergessenheit. Kennzeichnend waren der Aufwand und Prunk der Sitzungen und Rosenmontagszüge.
Exemplarisch ausgewählte Rosenmontagszüge wurden anhand von illustrierten Festzeitschriften vorgestellt. Seit dem zweiten

Josef Wingender, Große Kölner Karnevalsgesellschaft, war im Zeitraum von 1898 bis 1914 mehrfach Präsident des Festkomitees. Ölbild von 1901

Silberpokal der „Großen Kölner Karnevalsgesellschaft“

Der von „Jodocus Fleutebein" (d. i. Hermann Joseph Kipper) 1890 komponierte Funkenmarsch zeigt den eigenwilligen Charakter der Funken. Einerseits orientiert er sich am zackigen preußischen Militärmarsch und auch der Text geht forsch voran, doch andererseits parodiert er gerade auch das Militärische, denn das Funkenheer rückt nicht zum Schießen, sondern zum „Bützen" (Küssen) an.

Rosenmontagszug 1824 gab es Illustrationen, die uns die Festzüge vollständig oder ausschnittweise dokumentieren. Die Festzüge standen fast immer unter einem vorgegebenen Motto. Es gab Züge, die nahezu vollkommen unpolitisch waren, wie etwa 1884, als „Das Weinjahr 1883" prunkvoll gefeiert wurde. In anderen Jahren dagegen, wie etwa 1885, war man hochpolitisch und feierte den Prinzen Karneval als Kolonisator, womit man auf den gerade erfolgten „Erwerb" der deutschen Kolonien durch Bismarck anspielte.

Besonders unter Kaiser Wilhelm II. wurde alles Militärische hoch geschätzt, so dass selbst im Karneval eine Anzahl von uniformierten Korpsgesellschaften gegründet wurde. Gab es ursprünglich nur die „Roten Funken" als karnevalistische Erinnerung an die alten Kölner Stadtsoldaten des 18. Jahrhunderts, so gründeten sich jetzt immer neue Korps, deren bunte Fantasieuniformen bald das Bild der Rosenmontagszüge mitbestimmten.

Neben den politischen Entwicklungen müssen aber auch die technischen genannt werden. Bahnbrechende Erfindungen wie Schallplatte und Grammophon und später der Film veränderten den Kölner Karneval für immer. Willi Ostermann gehörte zu der ersten Generation von Karnevalssängern, die durch Schallplatten weit über Köln hinaus bekannt wurden. Die Erfindung von künstlichen Beleuchtungen ermöglichte erst moderne Sitzungen, wie sie heute bekannt sind. Die Anzahl der Plakate, Druckschriften und Illustrationen zum Kölner Karneval nahm rasant zu, er wurde zu einer Touristenattraktion.

Der Karneval wurde „modern". Einerseits herrschte eine optimistische Grundstimmung, die den technischen Fortschritt mit Stolz betrachtete. Andererseits spürte man den Verlust der traditionellen Lebensumwelt. So machte sich in vielen Karnevalsliedern eine Sehnsucht nach dem alten, vormodernen Köln breit, das allerdings oft märchenhaft beschworen wurde.

1914 unterbricht der Erste Weltkrieg diese Epoche der Karnevalsgeschichte. Mehr als zehn Jahre sollte es danach dauern, bis in Köln wieder richtig Karneval gefeiert wurde.

Willi Ostermann

und das Kölnische Milieulied

Sicher hat es kölsche Milieulieder vor Willi Ostermann (1876–1936) gegeben. Auch haben zu seiner Zeit ebenfalls vorzügliche Künstler auf der Bühne gestanden. Doch die meisten seiner Zeitgenossen sind nur noch Kennern der Kölner Karnevalsgeschichte bekannt, während Ostermann und seine Lieder bis heute im Karneval leben.

Ostermann begann auf den kleinen Bühnen bei Vereinsfesten und in Wirtshäusern im rechtsrheinischen Köln. Als Karnevalssänger war er nicht bekannt. Erst Ende 1907 – Ostermann war schon über dreißig – gelang ihm der Durchbruch mit „Dem Schmitz sing Frau es durchgebrannt".
Im Gegensatz zu den meisten bisherigen Liedern und Couplets erzählt er über mehrere Strophen hinweg die Milieugeschichte vom Ehemann Schmitz, dessen Frau ihn plötzlich verlassen hat, der aber darauf ganz unerwartet reagiert:

Dem Schmitz sing Frau es durchgebrannt,
tra la la la la la la
wohin, dat es noch unbekannt,
tra la la la la la la
zick gester Ovend es se fott,
tra la la la la la la
dä Schmitz, dä lacht sich halv kapott.

Ostermanns Lieder können einen durchaus ernsten Hintergrund zu einer humorvollen Erzählung auflösen. Im Jahr 1905 herrschte eine große Fleischknappheit, die wohl manche Kölner zu Verzweiflungstaten hinriss. Erst 1912 machte Willi Ostermann daraus eines seiner bekanntesten Lieder:

De Wienands han 'nen Has im Pott,
miau, miau, miau!
Dä Hövelmanns ihr Katz es fott,
miau, miau, miau!
Dat Dhier, dat sohß noch gester Naach
miau, miau, miau!
Met singem Bräutigam om Daach,
miau, miau, miau!

Ostermann hatte weder eine Gesangsausbildung genossen, noch sonstige Kenntnisse der klassischen Kompositionslehre. Trotzdem oder vielleicht gerade deswegen entwickelte er eine ganz eigene Art des Gesangsvortrages, der dem volkstümlichen Inhalt seiner Lieder überzeugend Ausdruck verschaffte.

Es ist zudem angebracht daran zu erinnern, dass Ostermann viele seiner Lieder nicht allein schrieb, sondern ihn immer wieder hauptberufliche Komponisten unterstützten.
Schon bei „Däm Schmitz sing Frau es durchgebrannt" griff er auf einen Marsch des Kapellmeisters Emil Neumann zurück, nur Text und Trio stammen von Ostermann.
Auch sein Schwager Emil Palm, damals in Deutschland ein bekannter Schlagerkomponist, schrieb für ihn Erfolgsmelodien, etwa „Wer hätt dat vun der Tant gedaach", „Et Stina muss ne Mann han" oder den „Villa Billa"-Walzer.
Erst als Ostermann in den 1920er Jahren zum überragenden Star und „Schöpfer" wurde, geriet dies in den Hintergrund und ist heute kaum mehr bekannt. Emil Palm etwa ist ein zu Unrecht weit gehend vergessener Name. Ostermann schrieb für das weitere Publikum auch Lieder mit hochdeutschen Texten, von denen besonders seine Rheinlieder sehr erfolgreich waren.

Im Karnevalsmuseum sind viele seiner Erfolgslieder als illustrierte Notenblätter zu sehen. An einer Audiostation kann man selbst in Ostermanns Lieder hineinhören.

Karneval in der Krise

1914–1945

Während der Kriegsjahre bis 1918 war es undenkbar, Karneval zu feiern. Im Versailler Vertrag, dem Friedensabkommen zwischen den Alliierten Siegermächten und Deutschland, wurde festgelegt, das Rheinland zu demilitarisieren und für die kommenden Jahre unter die Besatzung der Alliierten zu stellen. Auf Grund der gespannten wirtschaftlichen und politischen Lage wurde der Sitzungs- und Straßenkarneval von den Besatzungsmächten verboten. Nur zu Hause und in Wirtschaften konnte man in kleinem Rahmen feiern. Die Besatzungszeit endete im Januar 1926.

„Mer welle Fastelovend hann". Dieses Lied von Willy Comans (Text) und Heinrich Frantzen (Musik) zum hundertjährigen Jubiläum des Kölner Karnevals 1923 bringt die Stimmung weiter Teile der Kölner Bevölkerung auf den Punkt. Man wollte endlich wieder Karneval feiern wie vor dem Ersten Weltkrieg.

Kölner Rosenmontags-Zeitung

Aktuellste deutsche Tages-Zeitung

13. Jahrgang

Preis 20 Pfennig

Kölner Rosenmontagszug 1932

Inoffizielles Zugprogramm

nach der fixen Idee: WELT-THEATER

Obwohl 1932 kein Rosenmontagszug stattfand, gab es doch eine satirische Rosenmontagszeitung, die karnevalistisch die Weltwirtschaftskrise kommentierte.

Angesichts der krisenhaften Entwicklung der Weimarer Republik wurde das Kaiserreich vor 1914 bei vielen stark verklärt. Willi Ostermann traf mit seinem Lied „Och wat wor dat fröher schön doch en Colonia“ den Nerv des Publikums, indem er das „alte Köln“ beschwor.

Erst ab 1925 durfte wieder Sitzungskarneval gefeiert werden, der nächste Rosenmontagszug fand sogar erst wieder 1927 statt. Allerdings blieb die Situation nur für wenige Jahre stabil, denn die Weltwirtschaftskrise ab 1929 schnürte sowohl die Karnevalsvereine als auch die Stadt Köln finanziell stark ein. In den Jahren 1931 und 1932 waren keine Mittel vorhanden, um einen Rosenmontagszug durchzuführen.

Um einer bedrohlichen Krise des Kölner Karnevals entgegenzuwirken, wurde mit Unterstützung der Stadt im Februar 1933 wieder ein Rosenmontagszug organisiert. Schon seit dem 30. Januar war Adolf Hitler als Reichskanzler an der Macht. Trotzdem stand

Willi Ebel als Husar im Rosenmontagszug 1934

der Karneval 1933 nicht im Zeichen der NS-Herrschaft. Noch waren die Städte und Gemeinden nicht gleichgeschaltet, noch amtierte in Köln Oberbürgermeister Konrad Adenauer.
Mit der Machterlangung der NSDAP, die in Köln am 13. März 1933 stattfand, änderte sich auch der Karneval grundlegend. Er war nun dem Druck der NSDAP ausgesetzt. Verschiedene Gesetze und Verordnungen untersagten jegliche Kritik am NS-Regime. Der Karneval der Jahre 1934 und 1935 wurde vom nationalsozialistisch bestimmten Verkehrsverein organisiert. Maßgeblich war der Beigeordnete Willi Ebel, der sich selbst in der Verkleidung eines Husaren im Rosenmontagszug feiern ließ.
1935 sollte der Karneval gleichgeschaltet werden, indem ein spezieller Verein unter Aufsicht der Partei gegründet wurde. Dies hätte das Ende des durch die Karnevalsgesellschaften selbst verwalteten Karnevals und Rosenmontagszuges bedeutet. Da es in der NS-Parteibürokratie jedoch hier, wie in vielen anderen Fragen, Kompetenzgerangel und unterschiedliche Fraktionen gab, gelang es dem Präsidenten der Prinzen-Garde, Thomas Liessem, durch geschicktes Taktieren die Selbstverwaltung des Kölner Karnevals zu wahren. Es wurde der Festausschuss Kölner Karneval gegründet, dem die maßgeblichen Karnevalsgesellschaften angehörten. Präsident des Festausschusses wurde Thomas Liessem. Von 1936 bis 1939 organisierte der Festausschuss nun den Karneval.

Thomas Liessem (1900–1973)
gelangte schon früh zu höchsten karnevalistischen Würden. Im Jahr 1929 wurde er – noch keine dreißig Jahre alt – Präsident der traditionsreichen „Prinzen-Garde Köln". Ebenso entscheidend wie umstritten ist seine Rolle bei den Kämpfen um die Gleichschaltung des Kölner Karnevals. Er wurde 1936–1939 Präsident des Festausschusses.

Bald nach dem Krieg konnte er an seine frühere Position im Karneval anknüpfen, denn in den Jahren 1954–1963 übte er nochmals das Amt des Präsidenten aus.
Thomas Liessem war die prägende Persönlichkeit des organisierten Kölner Karnevals in der Mitte des 20. Jahrhunderts.

Man hat die Ereignisse von 1935 als „Narrenrevolte" bezeichnet, ja dem Widerstand gegen das Regime zugerechnet. Es ist indes nicht zu übersehen, dass es 1935 nur um die organisatorische Form des Karnevals ging, nicht um seine politische Ausrichtung und schon gar nicht um grundsätzlichen Widerstand gegen die Diktatur. Man sollte Liessems taktisches Geschick nicht gering schätzen, da es ihm immerhin gelang, den Sitzungskarneval und den Rosenmontagszug der äußeren Form nach zu wahren. In anderen Städten erfolgte meist die in Köln gerade noch verhinderte totale Gleichschaltung. Doch inhaltlich lag der Kölner Karneval auf parteikonformer Linie.

Die Rosenmontagszüge von 1936 bis 1939 behandelten jedenfalls keine oppositionellen Themen. Gezeigt wurde wie gewohnt viel Unpolitisches, Anekdotisches oder einfach kölsche Themen. Doch gab es in jedem Zug auch viele stark politische Themen. So wurden teils nationalistische Tendenzen früherer Jahrzehnte in

Wagen im Rosenmontagszug 1938

20. Februar 1936
Nummer 8 / 11. Jahrg.
Druck und Verlag von M. DuMont Schauberg, Köln

Kölnische Illustrierte Ze

Preis 20 Pfg.
Frei Haus durch den Zeitschriften-Buchhandel 22 Pfg.
Österreich 40 Groschen

Karnevalshef
mit Zugprogramm

Zum ersten Male:

Ein echtes Mariechen

Nach Jahrzehnten wird diese volkstümliche Figur des Kölner Karnevals wieder von einem jungen Mädchen dargestellt. Unser Bild zeigt das Mariechen der Roten Funken mit Tanzoffizier

Aufnahme: Zink, Köln

gesteigerter Form fortgesetzt, wie bei der Polemik gegen den Völkerbund in Genf. Neu waren die antisemitischen Töne, die einige Wagen offen zu Tage legten. Hier ist von Distanz zum nationalsozialistischen Gedankengut nichts zu spüren.
Es gab auch schwer wiegende Eingriffe in das kölsche Brauchtum. Die bisher männlichen Funkenmariechen wurden 1936 auf Betreiben der NSDAP durch Frauen ersetzt. Alles, was auch nur den Anschein von Homosexualität erweckte, passte nicht in das Weltbild des Nationalsozialismus. So musste auch die Jungfrau des Kölner Dreigestirns 1938 und 1939 von einer Frau dargestellt werden. Während sich die weiblichen Tanzmariechen durchsetzten und nach dem Zweiten Weltkrieg zum selbstverständlichen Erscheinungsbild des Kölner Karnevals gehörten, kehrte man beim Dreigestirn wieder zu einem männlichen Darsteller für die Rolle der Jungfrau zurück.
Der Ausbruch des Zweiten Weltkriegs am 1. September 1939 zog vorerst einen Schlussstrich unter den Karneval. Alle Karnevalsaktivitäten wurden untersagt. Alle Züge bis einschließlich 1949 fielen aus.

Kölner Dreigestirn von 1939 mit weiblicher Jungfrau. Die achtzehnjährige Kindergärtnerin Else Horion war 1939 die zweite und bislang letzte weibliche Jungfrau.

Abb. links: Kölner Illustrierte 1936 mit Tanzpaar. Durch eine gezielte Pressekampagne wurden 1936 die neu eingeführten weiblichen Tanzmariechen populär gemacht.

Kölner Karneval ab 1945

Die Geschichte des Karnevals ab 1945 wird im Karnevalsmuseum grundsätzlich anders dargestellt als die Epochen zuvor. Dies hat verschiedene Gründe. Ein wichtiger Grund ist der jetzt weitaus umfassendere und vielfältigere Bestand an Ausstellungsstücken. Damit in Verbindung steht der Anspruch, dem Besucher nicht nur eine bloße Geschichte des Karnevals gemäß dem zeitlichen Ablauf zu bieten, sondern auch einen systematischen Aufschluss verschiedener thematischer Aspekte. Eine Zeitachse gibt dem Besucher dabei die Grundorientierung, von wo aus sich dann frei die einzelnen Themen erschließen.
Der Zug der Rollvitrinen stellt einen chronologischen Leitfaden dar. Eine Vitrine entspricht etwa einem Jahrzehnt. Der Besucher kann sich hier also stationsweise über die Nachkriegsgeschichte des Kölner Karnevals informieren. Vom „Trümmerkarneval" kurz nach 1945 wird die Linie über den „Wirtschaftswunderkarneval", die gesellschaftlichen Umbrüche um 1970 bis in die heutige Zeit geführt.

Mit Kriegsbeginn 1939 erloschen die Karnevalsaktivitäten in Köln. Ab 1942 begann die Zerstörung der Stadt durch Luftangriffe, bis im März 1945 eine zu 90 Prozent zerstörte Altstadt von den Alliierten erobert wurde. Der Gürzenich und fast alle anderen Festsäle waren verloren. Obwohl bis zur Währungsreform 1948 die Menschen mit den Erfordernissen des alltäglichen Lebens stark belastet waren, erwachte schon bald nach Kriegsende das Karnevalsleben wieder. Die Trümmerlandschaft Köln, der Wiederaufbauwille, der alltägliche Hunger und der Schwarzmarkt – all dies spiegelte sich im Karnevalslied. Von den überraschend vielen Liedern, die in dieser Mangelzeit entstanden, sind die meisten größtenteils aus dem allgemeinen Bewusstsein wieder entschwunden, die Ausnahme bilden hier die Lieder Karl Berbuers. Eine Audiostation gibt dem Besucher die Möglichkeit, seine wichtigsten Lieder zu hören.

„Brauchtums-Wunderkinder", Wagenentwurf für den Rosenmontagszug 1961

Karl Berbuer (1900–1977)

Berbuer, der eigentlich ein gelernter Bäcker war, hatte seine ersten Erfolge 1924 und war in den dreißiger Jahren schon sehr populär. In den Jahren unmittelbar nach 1945 gelang ihm ein geradezu kometenhafter Aufstieg zu nationaler Bekanntheit weit über die Grenzen Kölns hinaus.
Berbuer fand seine Liedthemen im unmittelbaren Alltag der Schwarzmarktzeit, scheute sich aber nicht, vom Blickwinkel des Alltäglichen aus auch provokante politische Anspielungen in seine Texte einzubauen.

1946 spielte er in seinem Lied „Au yes Marie, au yes“ auf den unfreiwillig verschwundenen Bauch an und brachte das ganze Problem der Lebensmittelversorgung durch die englische Besatzungsmacht zur Sprache.
1945 brachte das vorläufige Ende des deutschen Staates. Seitdem lebten die Deutschen in vier Zonen unter der Verwaltung der Besatzungsmächte. Mit Beginn des Kalten Krieges 1947 erfolgte der Zusammenschluss zur so genannten „Bizone“, später dann zur „Trizone“ der Westalliierten.

Deutschland war nur mehr Objekt der großen Politik und nicht mehr eigenverantwortlich handelnder Teil der Staatenwelt. Berbuer hat diesem Gefühl der Ungewissheit und der Ohnmacht Ausdruck verliehen. Als die „alten Zeiten“ vorbei waren, galt es ein bisher unbekanntes Land zu entdecken, nämlich „Trizonesien“.
Das Lied wurde der große Erfolg der Session 1949 und ersetzte zeitweise sogar die noch nicht wieder vorhandene Nationalhymne. Das Jahr 1949 markiert aber auch im Oktober mit der Gründung der Bundesrepublik Deutschland in Bonn den staatlichen Neubeginn und das Ende von „Trizonesien“ und der unmittelbaren Nachkriegszeit. Karl Berbuers Lied wurde trotzdem ein Klassiker.

Au yes Marie, au yes

Triff mer ens einer,
dä mer lang nit gesinn
Dann luurt mer off zweimol dohin.
Manchmol, dann frög mer
wenn einer su kütt:
„Bes' det – oder bes' det nit?“
Selvs uns Marie kannt ich nit mieh,
Dat met därn jung wor
schlank wie noch nie.
It sprich halv english:
„Häv you mich nit gekannt?“
Doroh säht ich unschinant:

Au yes Marie, au yes,
Weißte wat verschwunden es?
Dat Büchelche vun meer
Un dat Büchelche vun deer
Un dat Büchelche vum Michelche –
Un dat kunnt doch nix dafór.
Au yes Marie, au yes,
Ganz Germany
*hät öhntlich Schless! **

** Schless (kölsch) = Heißhunger*

Trizonesien-Song

Mein lieber Freund,
mein lieber Freund,
Die alten Zeiten sind vorbei,
Ob man da lacht, ob man da weint,
die Welt geht weiter,
eins, zwei, drei.
Ein kleines Häuflein Diplomaten
Macht heut die große Politik,
Sie schaffen Zonen, ändern Staaten,
Und was ist hier mit uns
im Augenblick:

Wir sind die Eingeborenen
von Trizonesien,
Heidi-tschimmela-tschimmela-
tschimmela-tschimmela-bumm.
Wir haben Mägdelein
mit feurig wildem Wesien,
Heidi-tschimmela-tschimmela-
tschimmela-tschimmela-bumm.
Wir sind zwar keine Menschen-
fresser, doch wir küssen umso besser.
Wie sind die Eingeborenen
von Trizonesien ...

Das Dreigestirn

Das Dreigestirn von Prinz, Bauer und Jungfrau ist das Zentrum des Kölner Karnevals. Es ist zwar allgemein als traditionelles Symbol des Kölner Karnevals bekannt, doch ist es erst Ende des 19. Jahrhunderts nach einem langen Entwicklungsprozess entstanden.

Der Entstehung und den vielfältigen Funktionen des Kölner Dreigestirns ist eine zentrale Ausstellungseinheit gewidmet. Während die Herkunft des Prinzen Karneval schon im Kapitel zur Gründung des Festkomitees angesprochen wurde, wird im Folgenden auf die Herkunft von Bauer und Jungfrau eingegangen. Beides sind Symbolfiguren der Reichsstadt Köln, die sich bis ins 15. beziehungsweise 16. Jahrhundert zurückverfolgen lassen.

Bauer und Jungfrau sind keinesfalls schon von 1823 an gleichberechtigte, dem Prinzen zugeordnete Figuren. Sie waren vielmehr zunächst, wie andere Figuren auch, romantische Rückerinnerungen an Kölns reichsstädtische Vergangenheit, die gelegentlich im Rosenmontagszug mitgingen. Erst im Laufe des 19. Jahrhun-

Skulpturen der reichsstädtischen Symbole Bauer und Jungfrau, Leihgabe des Kölnischen Stadtmuseums

Quaternionensystem, kolorierter Kupferstich aus dem 17. Jahrhundert

Der Bauer,
erstmals 1422 erwähnt, trägt in vielen Darstellungen in der Linken die Stadtschlüssel, an der Seite ein breites Schwert. Die Rechte hält den Schild mit dem Reichsadler. Wehrhaftigkeit, Reichstreue, Tapferkeit, dies sind die dem Kölner Bauern zugeschriebenen Tugenden. Von Fastnacht ist dabei nirgendwo die Rede, es ging ausschließlich um politische Symbolik. Hintergrund der Figur des Bauern sind spätmittelalterliche Staatsvorstellungen, wie sie zum Beispiel vom Juristen Peter von Andlau, der 1480 in Basel starb, ausführlich dargestellt wurden. Auf ihn geht die Interpretation des so genannten „Quaternionensystems" zurück, die ständische Gliederung des Heiligen Römischen Reiches in hierarchischer Abstufung. Kirche, höherer und niederer Adel sowie Bürgertum und Bauern nehmen dort einen genau umrissenen Platz ein. Verschiedenen Städten wird die Vertretung bestimmter Reichsstände zugeordnet. So vertritt die Stadt Köln die Bauernschaft.

Das Pendant zum Bauern ist die **Jungfrau**. Der Bauer mit dem Reichsschild steht für die „Außenpolitik" der Stadt Köln, ihre Einbindung in das Heilige Römische Reich. Die Jungfrau hingegen ist mehr auf die Stadt selbst und ihr Eigenleben bezogen.
Die Jungfrau symbolisiert die Stadt Köln als freie, unabhängige und keinem fremden Machtwillen unterworfene Stadt, eben als „virgo intacta" (unberührte Jungfrau). Ihre Krone ist deutlich als Mauerkrone der Stadtbefestigung ausgeprägt.
Der Karneval übernahm in grobem Umriss schon beim ersten Rosenmontagszug 1823 die Figur, wie sie seit etwa 1570 überliefert ist.

Die historische Entwicklung der Kostüme des Dreigestirns

derts entwickelten sie sich zu ständigen Begleitern des Prinzen und wurden schließlich in der Kaiserzeit nach 1871 zum Dreigestirn, welches heute größtenteils nur noch gemeinsam auftritt.
Ihr Kostüm war anfangs noch eine von Jahr zu Jahr je nach persönlichem Geschmack der Träger abgewandelte Version des Grundtypus. Doch um 1900 hatte sich der heute noch gültige Kostümtyp des Dreigestirns verfestigt und wurde unveränderlicher Traditionsbestand des Kölner Karnevals.
Neben dem geschichtlichen Hintergrund des Dreigestirns wird im Karnevalsmuseum auch auf seine heutige Funktion eingegangen.

Eine interaktive Multimediaeinheit führt beispielhaft vor, welche Aufgaben ein Dreigestirn während der Session hat, von der Proklamation bis zum Aschermittwoch. Während Kölnern das Dreigestirn selbstverständlich ist, stellt es für Auswärtige eine der großen Merkwürdigkeiten des Kölner Karnevals dar. Wenn überhaupt, ist dieser Besuchergruppe das Dreigestirn nur aus dem Rosenmontagszug bekannt. Seine vielfältigen anderen Aufgaben werden außerhalb Kölns kaum wahrgenommen. So besucht das Dreigestirn nicht nur unzählige Sitzungen, es widmet sich auch, seiner Vorbildrolle gemäß, wohltätigen Zwecken.

Elf überdimensionierte Stühle stehen symbolisch für den Elferrat, der wichtiger Bestandteil jeder Karnevalssitzung ist.

Der organisierte Sitzungskarneval

Schon die Ausstellungsarchitektur macht das Thema deutlich: elf überdimensionierte Stühle, deren Sitzflächen als Vitrinen ausgebildet sind und in deren Lehnen sich Monitore befinden. Kurzum: ein symbolischer Elferrat. Hier wird auf einen Kernbereich des organisierten Karnevals eingegangen, die Sitzungen sowie die Karnevalsgesellschaften und ihre Rituale. Es gilt, den enormen Unterschied in der innerkölnischen und außerkölnischen Wahrnehmung zu berücksichtigen. Überregional sind nur die wenigen im Fernsehen übertragenen Sitzungen bekannt. Dabei handelt es sich hier nicht um vereinzelte Veranstaltungen, sondern um eine große Anzahl von sehr unterschiedlichen Sitzungsarten, die alle ihren eigenen Charakter haben. Auch auf die verschiedenen Arten von Karnevalsgesellschaften und ihre Traditionen wird in dieser Ausstellungseinheit hingewiesen. Die interaktive Multimediaeinheit versetzt den Besucher in die Lage, sich über alle Formen und Feinheiten des Sitzungskarnevals zu informieren.
In den Vitrinen sind einige unentbehrliche Requisiten der Karnevalsgesellschaften zu sehen. Hinter dem symbolischen Elferratsgestühl ist eine Wand über und über mit den Mützen der einzelnen Karnevalsgesellschaften bedeckt. Es gibt hier eine enorme Vielfalt an Farben und Schmuckformen zu entdecken.

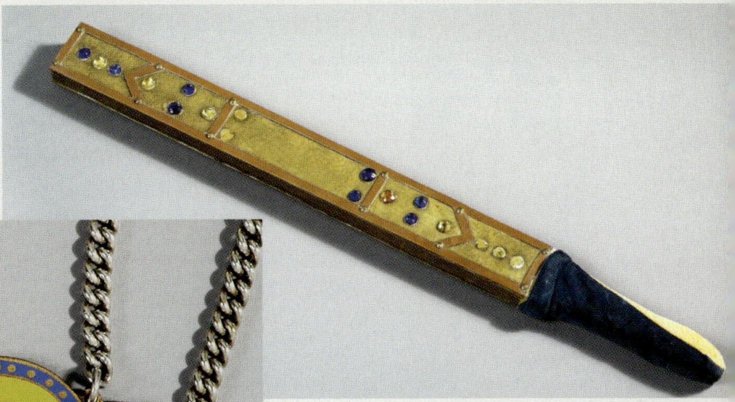

Pritsche der Karnevalsgesellschaft „Die Falkensteiner"

Präsidentenkette der Karnevalsgesellschaft „Die Falkensteiner"

Diese Karnevalsmütze trug Oberbürgermeister Theo Burauen von 1957 bis 1973.

Künstler auf der Bühne

Redner, Musiker, Tänzer

In enger Beziehung zur Ausstellungseinheit über den organisierten Karneval steht die Einheit zum Geschehen auf der Bühne. Hier wird der organisierte Karneval im Hinblick auf den Anteil der Künstler gesehen. Einzelne Büttenredner, Musiker und Musikgruppen sowie die vielfältigen Tanzgruppen werden exemplarisch vorgestellt.
Neben Objekten wie etwa Musikinstrumenten und Accessoires sowie Dokumenten zu einzelnen Künstlern wird mittels Audioeinheiten (Kopfhörer) jedem Besucher auch die Gelegenheit gegeben, in Werke bekannter Künstler hineinzuhören.
Der Tanz als sehr dynamische Kunstform wird in einer Videoeinheit dargestellt. Auf die verschiedenen Tanzformen, wie Korpstänze, Mariechentanz und die freieren Tanzformen der unterschiedlichen Tanzgruppen, wird gleichberechtigt eingegangen.

Obwohl heute die Musikgruppen auf der Bühne dominieren, gibt es immer noch Einzelsänger und -sängerinnen, die die Ostermannsche Tradition des Milieulieds zeitgemäß fortsetzen. Auch „Köln-Lieder", das heißt Lieder, die die Stadt Köln als solche besingen, werden bis heute in beachtlicher Zahl geschrieben.

Ludwig Sebus

Sicher am längsten – seit 1953 – aktiv im Karneval ist Ludwig Sebus (geb. 1925), der sich selbst als „Krätzchensänger" bezeichnet. Er schreibt Texte und Melodien seiner Lieder selbst. 1954/55 gelang ihm der Durchbruch mit dem Lied „Jede Stein en Kölle es e Stöck vun deer". 1971 folgte mit „Loor ens vun Düx noh Kölle" ein Karnevalsklassiker.
Im Grunde wird hier demselben Gefühl wie in Ostermanns „Heimweh nach Köln" Ausdruck verliehen. Zu Ludwig Sebus' Themenspektrum gehört natürlich auch die Milieuschilderung, am bekanntesten wurde hier: „Och Verwandte dat sin Minsche".

Marie Luise Nikuta

Seit über dreißig Jahren ist auch Marie Luise Nikuta mit selbst komponierten kölschen Liedern erfolgreich. Als Frau musste sie sich erst einmal in der Männerdomäne Karneval durchsetzen. Ihre Lieder gehen oft von Alltagsgeschichten aus, die ihrem persönlichen Erleben entstammen: „E paar Grosche für Ihs" oder der „Straßenbahn-Song". Natürlich stehen auch bei ihr allgemeine Kölner Themen im Programm. Bekannt wurde sie als kölscher Köbes mit „Kölsch, Kölsch, Kölsch". Eine Besonderheit ihres Schaffens sind die Mottolieder, die sie lange Jahre jeweils nach dem aktuellen Motto des Rosenmontagszuges verfasste.

Popmusik und Karneval – Bläck Fööss

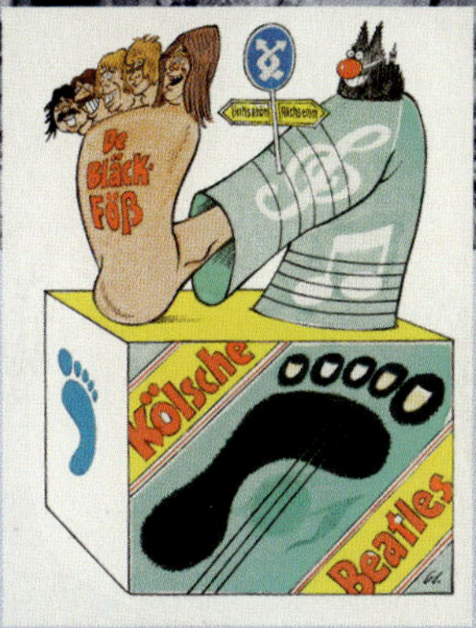

Nach dem Zweiten Weltkrieg kamen Zug um Zug neue Stile der Unterhaltungsmusik aus England und den USA nach Deutschland. In den 1950er Jahren der Rock 'n' Roll, dann in den 1960ern die Beat- und Rockmusik. Die Beatles wurden zu einem Medienereignis bisher unbekannter Dimension. Mit ihrer Musik und dem dahinter stehenden Lebensgefühl identifizierte sich eine neue Generation. Gleichzeitig begann eine politisch unruhige Ära des gesellschaftlichen Umbruchs. Der Karneval tat sich schwer, die neuen Musikformen der Jugend zu akzeptieren. Andererseits grenzte sich die Popmusik-Szene auch gegen das als unmodern geltende Brauchtum Karneval ab.

In dieser Situation war das Auftreten der Bläck Fööss und ihr Erfolg eine Überraschung. Die einzelnen Mitglieder der sechsköpfigen Band hatten seit den frühen 60er Jahren Erfahrungen in verschiedenen Bands gesammelt, den „Rolling Beats", den „Beat Stones" oder den „Stowaways". Sie spielten in Kneipen und Klubs.
Aber erst der Entschluss, Mundartlieder zu singen, brachte den Durchbruch. 1970 formierte sich die Gruppe unter dem neuen kölschen Namen „Bläck Fööss". Ihr Auftreten kam einer Revolution auf der Karnevalsbühne gleich. Mit langen Haaren und nackten Füßen spielten sie ihre kölschen Popstücke. Nicht einfache Stimmungslieder wurden ihre größten Erfolge, sondern genau beobachtete Milieuschilderungen, die mit eingängigen Melodien verbunden wurden, wobei man auf eine große stilistische Vielfalt setzte.
Im Grunde standen sie in der Tradition der Milieuschilderungen der frühen Ostermannlieder, jedoch war der zeitkritische und politische Anspruch deutlicher artikuliert.
„Drink doch eine met", „In unserm Veedel" und „Mer losse d'r Dom in Kölle" sind inzwischen Klassiker des Karnevals.

Der Erfolg der Bläck Fööss zog weitere Gruppen nach. Heute dominieren Musikgruppen die Bühnen des Karnevals. Wenige Bands erreichen aber die inhaltliche und stilistische Vielfalt der Fööss. Die Höhner wurden nach den Bläck Fööss die zweite Erfolgsband im Karneval.

In jüngster Zeit hat auch die Diskomusik Einzug gehalten: Viele Jugendveranstaltungen setzen ganz auf die moderne Musik, auf dem Alter Markt wird mit „Jeck Dance" auch den allerneuesten Stilformen Raum im Straßenkarneval geboten. Ob sich diese Musik auch auf den Bühnen etablieren kann, ist allerdings zurzeit nicht abzusehen.

Karneval in den Vororten
Schull- un Veedelszöch

Kölner Karneval ist nicht nur, wie außerhalb oftmals angenommen, der Rosenmontagszug und die im Fernsehen übertragenen Sitzungen, sondern eine echte Volksbewegung, die sich auf das ganze Stadtgebiet erstreckt. Es findet nicht nur ein Rosenmontagszug statt, sondern auch ungefähr fünfzig kleinere Züge in den einzelnen Stadtteilen. In einer beleuchteten Bodenvitrine sieht der Besucher den Stadtplan Kölns mit den karnevalsaktiven Stadtteilen vor sich. Durch eine interaktive Multimediastation kann er sich jeweils einen der Stadtteile auswählen. Er erhält dann nicht nur Informationen zur Geschichte des dortigen Karnevals, sondern auch zum Zugweg sowie Bilder vom Geschehen.
Ebenso wie es neben dem Rosenmontagszug noch viele andere kleinere Züge gibt, finden nicht nur die großen Prunksitzungen statt, sondern unzählige kleinere Veranstaltungen, die von den Karnevalsfeiern der Kindergärten und Schulen über die Pfarrsitzungen bis zu den Betriebssitzungen reichen. An den Schulen gibt es oftmals spezielle Karnevalsgruppen, die unter Anleitung engagierter Lehrer und mit Hilfe von Eltern die Schulsitzung organisieren. Liebevoll werden originelle Karnevalsorden selbst gebastelt.

Urkunde zum Dank für die Teilnahme des Realgymnasiums Deutz an den Schullzöch 1955

Jan Brügelmann, ehemaliger Vorsitzender des Vereins der Freunde und Förderer des Kölnischen Brauchtums, stiftete für die beste Wagengruppe als Preis einen Silberteller. Ab 1966 wurde jedes Jahr die Siegergruppe eingraviert, bis im Jahr 2002 der Teller voll war und durch einen neuen ersetzt werden musste.

In den Schull- un Veedelszöch gibt es immer originelle Kostüme zu entdecken.

Schulorden des „Tricorönche", der Karnevalsgruppe des Kölner Dreikönigsgymnasiums

Höhepunkt all dieser Aktivitäten ist die Teilnahme an den Schull- un Veedelszöch am Karnevalssonntag. Der Zug geht auf derselben Strecke wie der Rosenmontagszug. Nicht der professionelle Künstler und die professionelle Arbeit im Wagenbau stehen hier im Rampenlicht, sondern die Eigenarbeit, das Selbermachen. Mit Engagement und Kreativität wird bei oftmals bescheidenen Budgets die originelle Idee in den Mittelpunkt gerückt. Die Arbeit an den Schulen wird von der Stadt Köln sowie von gemeinnützigen Vereinigungen gefördert. Am Anfang dieses Volkskarnevals stand ein 1932 gegründeter Bürgerausschuss, der heute den Namen „Freunde und Förderer des Kölnischen Brauchtums" trägt. Durch ihn wird der Zug am Karnevalssonntag organisiert und finanziell gefördert. Er stellt das Preisgericht, das die einzelnen Gruppen bewertet. Alljährlich wird die beste Fuß- und Wagengruppe ermittelt. Der Sieger darf dann einen Tag später im Rosenmontagszug mitgehen.

Alternativer Karneval

Die gesellschaftliche Entwicklung seit den 1960er Jahren führte zur Entstehung einer Jugend- und Alternativkultur, die sich in den geläufigen Formen des Kölner Karnevals nicht mehr ausreichend wiederfand. So entwickelten sich in den 1980er/90er Jahren neue Formen des Karnevals, oftmals in bewusster Distanzierung zum organisierten Karneval.

Stunksitzung

Überregional am bekanntesten ist die Stunksitzung, die alljährlich im Fernsehen übertragen wird. Sie geht auf einen Kreis von Studenten der Sozialpädagogik an der Fachhochschule Köln zurück, der eine Mischung aus Politkabarett, Comedy und Karneval entwickelte. Eine Karnevalssitzung im klassischen Sinne des Wortes ist die Stunksitzung nicht. Getragen wird sie auch nicht von einer Karnevalsgesellschaft, die auf ehrenamtlicher Mitarbeit beruht, sondern von einem Ensemble haupt- und nebenberuflich tätiger Künstler. Am 26. Februar 1984 fand die erste Stunksitzung in der Uni-Mensa statt. Standen zum Beginn der Entwicklung, dem Zeitgeist jener Jahre entsprechend, oftmals lautstarke und politisch provokante Töne im Vordergrund, so ist seit einigen Jahren ein Wandel zu beobachten.

Auch diese im eigenen Selbstverständnis alternative Karnevalsveranstaltung unterlag dem Professionalisierungsdruck und der Erwartungshaltung einer Mediengesellschaft, die besonders durch die Ausbreitung des Privatfernsehens beeinflusst wurde. Der über-

Abb. oben und rechts: Szenen aus der Stunksitzung. Teile des Bühnenbildes sind im Karnevalsmuseum zu sehen.

regionale Erfolg der Stunksitzung wurde vor allem durch die Übertragung im WDR gesichert. Die anfänglich studentische Version von Politkabarett hat sich im Laufe der Jahre zu einer zunehmend fernsehkompatiblen Form der Comedy entwickelt. Für viele der ursprünglich reinen Amateurkünstler war die Stunksitzung das Sprungbrett zu einer Bühnenlaufbahn, einigen gelang auch der Durchbruch im Fernsehen. Im Karnevalsmuseum ist die Stunksitzung durch ein Teil des Originalbühnenbilds, welches bis 2003 verwendet wurde, vertreten. In das Bühnenbild wurde eine Videoeinheit integriert, so dass der Besucher kurze Szenen aus dem Programm der Stunksitzung sehen kann.

Hella von Sinnen in der „Butt-Bütt" der Rosa Sitzung

Rosa Sitzung

In Köln besteht eine große schwul-lesbische Szene, die in vielfältiger Form ihren gesellschaftspolitischen Anliegen öffentliche Aufmerksamkeit verschafft. Doch erst der Wandel des gesellschaftlichen Klimas machte es 1993 möglich, eine eigene Karnevalssitzung zu veranstalten, die so genannte „Rosa Sitzung". Die Unterschiede zur Stunksitzung sind nicht zu verkennen. Die „Rosa Sitzung" verbindet Karneval mit Kabarett und Travestieshow. Jedoch entspringt sie nicht einer dem offiziellen Karneval völlig entgegengesetzten politischen Motivation. Die bekannten Formen und Rituale des Kölner Karnevals werden meist nicht so sehr scharf-polemisch angegriffen oder gar völlig abgelehnt, sondern eher im Sinne der Travestieshow umgewandelt. Aus dem Traditionskorps der „Roten Funken" wurden so die „Rosa Funken" abgeleitet, ein eigenständiger Verein, der seit Jahren eine eigene Sitzung veranstaltet.
Während es zwischen offiziellem Karneval und Stunksitzung bisher auf Grund der sehr unterschiedlichen Vorstellungen wenig Kontakte gab, hat im Jahre 2000 erstmals das Dreigestirn in Begleitung des Festkomiteepräsidenten die Rosa Sitzung besucht. Auch ging erstmals eine Fußgruppe der Rosa Funken im Kölner Rosenmontagszug mit. Im Museum ist die erste Bütt der Rosa Sitzung, die in Form eines Butts gestaltet wurde, ausgestellt. Hier hat Hella von Sinnen, die erste Präsidentin, ihre Reden gehalten. Eine integrierte Videostation zeigt Ausschnitte aus der Rosa Sitzung.

Orden der Gesellschaften

Das Karnevalsmuseum verfügt über eine der umfangreichsten Sammlungen von Kölner Karnevalsorden. Damit diese durch ihre schiere Masse nicht die geschichtliche Darstellung erdrücken, sind sie etwas gesondert am Rand zu sehen. Seit 1838 gibt es in Köln Karnevalsorden. Waren es zunächst noch spärlich vergebene Medaillen, so stieg ihre Zahl mit Gründung des Deutschen Reiches 1871 rapide an. In dieser dem Prunk zugetanen Epoche wurde aus der Ordensverleihung ein festes Ritual des organisierten Sitzungskarnevals. Zunächst waren es kunstvoll hergestellte Stücke, die nur in geringer Zahl aufgelegt wurden, doch nahm in der Nachkriegszeit die Tendenz zur Massenherstellung zu. Bis in die sechziger Jahre waren dabei künstlerisch schöne Emailorden dominierend, seitdem hat sich weit gehend das Spritzgussverfahren durchgesetzt. Trotzdem gibt es auch heute noch neben der Massenware sehr schöne, individuell gestaltete Orden.
In der großen Zahl und Vielfalt der Orden spiegelt sich auch die Vielgestaltigkeit der Karnevalsgesellschaften. Derzeit gehören etwas über hundert Karnevalsgesellschaften dem Festkomitee des Kölner Karnevals an. Bis auf wenige Ausnahmen bringt jede alljährlich einen „Sessionsorden“ heraus, der von der Gesellschaft an Ehrengäste, auftretende Künstler, Förderer oder sonst wie der Gesellschaft verbundene Persönlichkeiten verliehen wird. Die Kriterien für die Vergabe sind sehr unterschiedlich. Neben den „Sessionsorden“ gibt es seit einigen Jahrzehnten auch die „Damenor-

Sechs Karnevalsorden aus Kaiserzeit und Weimarer Republik

den“, meist ein kleines Schmuckstück in Form einer Brosche oder Kette. Damenorden werden in der Regel nicht verliehen, sondern müssen käuflich erworben werden. Daneben gibt es noch die „Halsorden“, die man um den Kragen gebunden trägt. Es sind Zeichen für die Mitgliedschaft in der Gesellschaft. Sie werden in der Regel dem neuen Mitglied bei Eintritt in die Gesellschaft überreicht.

Fest in Gold

Im Kontrast zu der Vielzahl der normalen Sessionsorden stehen die individuell angefertigten Orden des „Fest in Gold“, einer karnevalistisch gefassten Fördervereinigung für den Goldschmiedenachwuchs, bestehend seit 1948. Lange veranstaltete man eine ganz normale Sitzung, doch seit 1983 konzentriert man sich auf die Förderung des Nachwuchses. Lehrlinge und junge Gesellen der Innung fertigen nach eigenen Ideen Einzelstücke von Orden, die oftmals wahre Kunstwerke der Goldschmiedekunst sind. Neben dem kunsthandwerklichen Aspekt haben sie natürlich auch einen karnevalistischen, da sie in ganz spezieller Art aktuelle gesellschaftliche Entwicklungen pointiert kommentieren. Im Wettbewerb werden handwerkliche Qualität und Originalität bewertet. Die Orden werden der Öffentlichkeit alljährlich zu Karneval in einer Ausstellung gezeigt und dann im Rahmen einer karnevalistischen Feier verdienten Persönlichkeiten verliehen.

Abb. ganz oben: Das Fest in Gold wird im Karnevalsmuseum durch eine „goldene Schatzkiste“ repräsentiert.

Abb. oben: Zwei kunstvoll gestaltete Orden des „Fest in Gold“

Das Goldene Buch

Anlässlich des 1998 stattfindenden 175-jährigen Jubiläums seiner Gründung beschloss das Festkomitee des Kölner Karnevals, sich ein neues Gästebuch zuzulegen. Der Bucheinband sollte mit einer eigens entworfenen Goldschmiedearbeit verziert werden. Damit knüpfte man an eine alte Tradition des Kölner Karnevals an. Schon in der Kaiserzeit Ende des 19. Jahrhunderts hatte sich eine Reihe von wohlhabenden Gesellschaften aufwändige Gästebücher anfertigen lassen. Deren Goldschmiedearbeiten entsprachen meist dem damaligen historistischen Zeitgeist. Das neue Gästebuch des Festkomitees sollte zwar mit traditionsreichen Motiven aufwarten können, in der Gestaltung aber durchaus moderne Impulse aufnehmen.

Abb. unten und rechts: Der reich verzierte Einband des Goldenen Buches besteht aus über 200 Einzelteilen. Vorder- und Rückseite zeigen Motive aus dem Kölner Karneval wie das Dreigestirn und den historischen Delphinwagen.

Das Buch zeigt auf der Vorderseite das Kölner Dreigestirn. Darüber befindet sich das Historische Rathaus mit dem Jan-von-Werth-Denkmal und links oben der Gürzenich.
Auf der Rückseite ist der „Held Carneval" von 1823 mit seinem Prinzenwagen abgebildet, im Hintergrund die Kirche St. Aposteln am Kölner Neumarkt, wo früher die Rosenmontagszüge stattfanden. Weiterhin sind vier historische Narrenfiguren aus der Frühzeit des organisierten Kölner Karnevals zu sehen.

Die Ausschreibung wurde von der Kölner Goldschmiedemeisterin Heidi Philipp gewonnen. Sie stellte den Bucheinband aus vergoldetem Silber her. Die Reliefdarstellungen sind in Treibziseliertechnik gearbeitet. Der Einband besteht aus etwa 220 Einzelteilen und wiegt elf Kilo. Die figürlichen Darstellungen sind mit etwa 700 Edelsteinen verziert.

Die Eventhalle

Nach dem Gang durch die Geschichte des Karnevals betritt man über eine Treppe die weitläufige Eventhalle. Wird im historischen Ausstellungsbereich die Kulturgeschichte des Karnevals durch meist kleinteilige Ausstellungsstücke vermittelt, so steht hier das Erlebnis des Straßenkarnevals im Mittelpunkt. Die Dekoration an den Wänden der Halle bildet die Kulisse der bunten Häuser am Kölner Alter Markt nach, dem traditionellen Ort für die Eröffnung des Straßenkarnevals. Entworfen wurde die Häuserkulisse von den Wagenbauern des Festkomitees. In der Halle selbst machen Festwagen, Großfiguren und Kostümpuppen verschiedene Aspekte des Straßenkarnevals erfahrbar.
Durch Multimediastationen werden Einblicke in verschiedene Veranstaltungen des Kölner Straßenkarnevals geboten, wie etwa Weiberfastnacht, Rosenmontagszug und Nubbelverbrennung.
Der Straßenkarneval wird an Weiberfastnacht, dem Donnerstag vor Rosenmontag, auf dem Alter Markt eröffnet. Tausende von Jecken drängen auf den Platz, der schon bald wegen Überfüllung geschlossen werden muss. Nicht zuletzt wegen dieses immer akuter werdenden Problems entschloss man sich, die Feier auf den benachbarten Heumarkt zu verlegen, der weit mehr Jecken das Mitfeiern erlaubt.

Je ausgefallener, desto besser: Zwar kann man auch unmaskiert im Geisterzug mitgehen, aber das jährlich wechselnde Motto lädt zum fantasievollen Kostümieren ein.

Geisterzug

Am Karnevalssamstag finden Umzüge in den einzelnen Veedeln (Stadtteilen) statt. Samstags abends geht seit 1992 der Geisterzug durch Köln, wobei jedes Mal eine andere Strecke gewählt wird. Der Geisterzug entstand aus der historischen Situation des Jahres 1991. Auf Grund des Golfkrieges wurde nach langen öffentlichen Debatten der Straßenkarneval in Köln abgesagt. Viele Jecken wollten

Müllmänner und -frauen in den Schull- un Veedelszöch

sich damit aber nicht abfinden und zogen in kleinen Gruppen durch die Stadt. Teilweise hatten diese Umzüge auch den Charakter von karnevalistischen Demonstrationen gegen den Krieg. Aus dieser Bewegung heraus entstand der Geisterzug, der nun dauerhaft politische Demonstration mit einem Karnevalszug verbinden wollte. Die Teilnahme steht jedermann frei. Im Geisterzug herrschen gruselige Verkleidungen vor, Geister, Hexen und Vampire ziehen mit Lärminstrumenten durch die Stadt. Die ursprüngliche politische Absicht ist heute wohl nur noch bei wenigen Teilnehmern vorhanden, die meisten laufen im Geisterzug mit, um ungezwungen zu feiern.

Schull- un Veedelszöch

Am Karnevalssonntag finden die Schull- un Veedelszöch statt, die auf derselben Strecke wie der Rosenmontagszug durch die Stadt gehen. Entscheidend ist hier weniger die technisch perfekte Ausstattung als die originelle Idee. Einige der originellsten Kostüme sind in der Halle zu bewundern.

Rosenmontagszug

Höhepunkt des Karnevals ist alljährlich der Umzug an Rosenmontag. Er steht auch im Mittelpunkt der Eventhalle. Ein speziell angefertigter Museumswagen gibt auch Besuchern, die bisher Karnevalswagen nur als Zuschauer am Rande des Zugweges oder gar nur im Fernsehen gesehen haben, Gelegenheit, diese ganz aus der Nähe zu betrachten. Man kann auf den Wagen hinaufklettern und so das Gefühl nachempfinden, „einmal Prinz zu sein". Auch hier stellen Videostationen die Stimmung eines Kölner Rosenmontagszuges aus ungewohnten Perspektiven dar.
Ganz aus der Nähe kann man auch die Großfiguren sehen, die zwischen den Festwagen und Fußgruppen im Zug mitlaufen. Sie bestehen innen aus einem Holzgestell, in welchem Tragegurte hängen, die auf den Schultern des Trägers lasten. Nur durch ein kleines Loch im Brustbereich der Figur kann er nach draußen sehen und seinen Weg erkennen.
Der Schwerpunkt auf dem Rosenmontag bietet sich an, liegen doch direkt neben der Eventhalle die Wagenbauhallen. Hier wer-

Wagen mit Großfigur, die Bundeskanzler Gerhard Schröder als Spiderman zeigt

Rosenmontagszug 2003

den ab Spätherbst jeden Jahres die Wagen und die Großfiguren für den Rosenmontagszug gebaut. Aus den eingereichten Skizzen von Karikaturisten werden durch den Zugleiter diejenigen Motive ausgesucht, die für den Wagenbau geeignet sind. Von den ausgewählten Skizzen werden nun großformatige Entwürfe angefertigt. Dann werden die Entwürfe per Auftrag an spezialisierte Firmen vergeben, meist Schildermaler oder Theaterplastiker. Auf den immer gleich bleibenden Fahrgestellen bauen sie nun ihre „Schwellköppe". Basis ist ein Holzgerüst, welches die ganze Konstruktion innen stützt. Mit Drähten und Maschendraht wird den Figuren Form gegeben. Schließlich werden sie mit Pappmaché und Schaumstoff ummantelt, dann abschließend bunt bemalt.

Ein riesiger und teurer Aufwand nur für den einen großen Tag – Rosenmontag. Bald nachdem der Zug durch die Stadt gelaufen ist, kehren die Wagen am Abend in die Wagenhallen zurück. Sie werden von allem Abfall gereinigt und schließlich wieder bis auf das Fahrgestell abgerissen. So kann der Zyklus im nächsten Herbst aufs Neue beginnen.

Zur Entstehungsgeschichte des Kölner Karnevalsmuseums

Max-Leo Schwering

Wann kommt das Karnevalsmuseum?
Ein Grundstock an wertvollen Dokumenten ist da

So titelte eine Kölner Lokalzeitung am 6. Februar 1938 und meinte damit ein immer wieder angesprochenes, doch auf die lange Bank geschobenes Desiderat. „Ein Grundstock an wertvollen Dokumenten ist da", resümierte der Autor. Doch die Zeit dränge. Wertvolles Material ginge sonst verloren. Das „Haus der Rheinischen Heimat" wird zitiert als im Besitz einer fast kompletten Objektsammlung zur Kölner Fastnachtshistorie. Von einem „altverdienten Karnevalsfreund in der Schildergasse" ist die Rede. Dessen Privatsammlung dürfte wohl einzigartig gewesen sein.[1*]
Die etablierten Karnevalsgesellschaften mit streng gehüteten Archiven waren weniger freigebig, wenn es um die Gesamtpräsentation der Kölner Fastnacht und deren vielhundertjährige Vergangenheit ging: Allenfalls zugänglich konnten befristet Leihgaben erbeten werden.
Unser Reporter (Matz) weiß um das Problem „passender Räumlichkeiten" und bedauert, vielleicht darum „seit längerer Zeit nichts mehr von einem Plan für das Kölner Karnevalsmuseum" gehört zu haben.[2] Für ihn schon blieben „Archiv" und „museale Darstellung" identische Unternehmungen.

Wenig später war Krieg. Wieder rückte ein Kölner Karnevalsmuseum in weite Ferne. Die Karnevalsgesellschaften verloren fast alle ihre Sammlungen. Und ein sich konstituierender „Festausschuß Kölner Karneval" konnte kaum hoffen, dass die eigenen Bestände trotz zeitiger Vorsorge das Kriegsende überstanden.[3]
Es gab im Juli 1947 verschiedene Aufrufe an die „Männer und Frauen von Köln", das Festausschuß-Archiv neu zu begründen. „Wichtiger und richtiger ist es, daß sich diese Dinge im Besitz des Archivs und nicht bei Einzelpersonen befinden."[4]
Dem damals tätigen „Festausschuß-"Archivar Peter Horatz ist die

* *Anmerkungen zu diesem Beitrag: siehe Seite 186*

erste „Ordnung für das Archiv des Festausschusses des Kölner Karnevals“ zu danken, entstanden unter Mitwirkung von Joseph Klersch. Ihre Programmatik galt als Vorbild für alle späteren Bestrebungen, ein „Karnevalsmuseum“ zu installieren.[5] Klersch regte um jene Zeit an, das „Amt für Kölnisches Brauchtum“ bei der Stadtverwaltung Köln zu gründen, dessen Leiter er bis 1958 blieb. Zunächst dem Rheinischen und Historischen Museum angegliedert, überwachte Klersch dort die Rückführung der reichen Karnevalssammlung nach kriegsbedingter Auslagerung in den Schönbornschlössern Pommersfelden und Gaibach (Franken).[6] Nachdenklich stimmt, wie denn generell erstaunt, dass Köln erst 2005 zu einem speziellen Karnevalsmuseum fand. Die Jubiläums-Ausstellung „Köln 1900 Jahre Stadt“ im Staatenhaus der Messe (1950) ignorierte vollends die Kultur des alten Kölner Volksfestes.[7] Dabei hatten im Jahr zuvor die erste Prinzenproklamation und der erste Nachkriegs-Rosenmontagszug unter starker Anteilnahme stattgefunden. Die Zurückhaltung war nur begreiflich in Erinnerung an Kölner Karnevalsaktivitäten während der Jahre 1933–1939.[8] Etliche Jahre danach fand das Rheinische und Historische Museum mit einer vielbeachteten Wechselausstellung „Us unserm Fastelovendstresörche“ unter Mitwirkung von Joseph Klersch und dem Autor dieser Zeilen wieder zur Normalität zurück.[9]

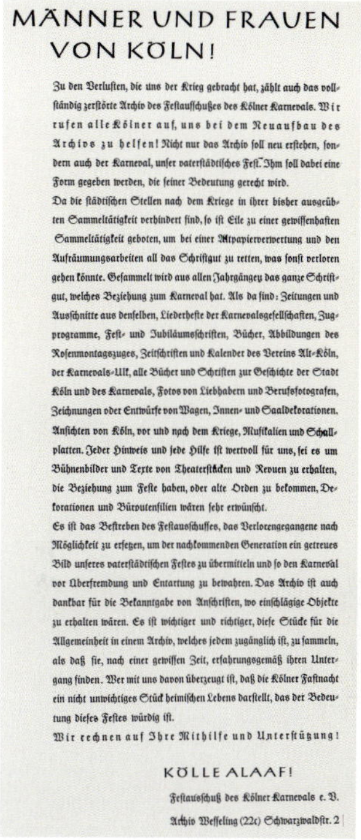
MÄNNER UND FRAUEN VON KÖLN!

Zu den Verlusten, die uns der Krieg gebracht hat, zählt auch das vollständig zerstörte Archiv des Festausschußes des Kölner Karnevals. Wir rufen alle Kölner auf, uns bei dem Neuaufbau des Archivs zu helfen! Nicht nur das Archiv soll neu erstehen, sondern auch der Karneval, unser vaterstädtisches Fest. Ihm soll dabei eine Form gegeben werden, die seiner Bedeutung gerecht wird.

Da die städtischen Stellen nach dem Kriege in ihrer bisher ausgeübten Sammeltätigkeit verhindert sind, so ist Eile zu einer gewissenhaften Sammeltätigkeit geboten, um bei einer Altpapierverwertung und den Aufräumungsarbeiten all das Schriftgut zu retten, was sonst verloren gehen könnte. Gesammelt wird aus allen Jahrgängen das ganze Schriftgut, welches Beziehung zum Karneval hat. Als da sind: Zeitungen und Ausschnitte aus denselben, Liederhefte der Karnevalsgesellschaften, Zugprogramme, Fest- und Jubiläumsschriften, Bücher, Abbildungen des Rosenmontagszuges, Zeitschriften und Kalender des Vereins Alt-Köln, der Karnevals-Ulk, alle Bücher und Schriften zur Geschichte der Stadt Köln und des Karnevals, Fotos von Liebhabern und Berufsfotografen, Zeichnungen oder Entwürfe von Wagen, Innen- und Saaldekorationen. Ansichten von Köln, vor und nach dem Kriege, Musikalien und Schallplatten. Jeder Hinweis und jede Hilfe ist wertvoll für uns, sei es um Bühnenbilder und Texte von Theaterstücken und Revuen zu erhalten, die Beziehung zum Feste haben, oder alte Orden zu bekommen, Dekorationen und Bürutensilien wären sehr erwünscht.

Es ist das Bestreben des Festausschusses, das Verlorengegangene nach Möglichkeit zu ersetzen, um der nachkommenden Generation ein getreues Bild unseres vaterstädtischen Festes zu übermitteln und so den Karneval vor Überfremdung und Entartung zu bewahren. Das Archiv ist auch dankbar für die Bekanntgabe von Anschriften, wo einschlägige Objekte zu erhalten wären. Es ist wichtiger und richtiger, diese Stücke für die Allgemeinheit in einem Archiv, welches jedem zugänglich ist, zu sammeln, als daß sie, nach einer gewissen Zeit, erfahrungsgemäß ihren Untergang finden. Wer mit uns davon überzeugt ist, daß die Kölner Fastnacht ein nicht unwichtiges Stück heimischen Lebens darstellt, das der Bedeutung dieses Festes würdig ist.

Wir rechnen auf Ihre Mithilfe und Unterstützung!

KÖLLE ALAAF!

Festausschuß des Kölner Karnevals e. V.

Archiv Wesseling (22c) Schwarzwaldstr. 2

Aufruf des Festausschuß' des Kölner Karnevals e.V. von 1947

Haus des Kölner Karnevals

Innenansicht Haus des Kölner Karnevals, Antwerpener Straße 55

Inzwischen blieb auch das Festkomitee nicht untätig. Ab August 1965 wurde das völlig umgebaute Haus Antwerpener Straße 55 als „Haus des Kölner Karnevals“ bezogen. Dort fanden fortan die Sitzungen des geschäftsführenden Vorstandes statt, ehe nach der festlichen Eröffnung am 11. November 1967 das neugierige Publikum Eingang fand. Festkomiteepräsident Ferdinand Leisten war der eigentliche Motor des zukunftsweisenden Unternehmens und dies in mehrfacher Hinsicht: „Die Narren der alten Karnevalshochburg Köln verfügen erstmals in ihrer 150-jährigen Geschichte über eine eigene Heimat", jubilierte Leisten.[10] Von „Traditionspflege" sprach Oberbürgermeister Theo Burauen. Leisten sekundierte bereits sehr direkt, auch zielsicher, hinweisend auf die dem neuen Domizil integrierte Ausstellung: „Kölnische Fastnacht in Bildern, Orden und anderen Dokumenten".[11] Dies wäre kaum möglich gewesen ohne die wissenschaftliche Vorbereitung von Joseph Klersch und dessen grundlegende Arbeit über „Die Kölnische Fastnacht von ihren Anfängen bis zur Gegenwart" (1961).[12] Noch galt jenes Experiment auf wenigen Quadratmetern, vornehmlich dem Depot des Kölnischen Stadtmuseums entnommen, als Provisorium. Urkunden kamen aus den Beständen des Historischen Archivs. Im Ganzen war es ein eher bescheidenes Konvolut unter unzureichender Vorgabe. Vielleicht aber auch mehr im Nachhinein die Geburtsstunde eines Karnevalsmuseums unter Regie des Festkomitees?[13] Es sollten noch etliche Jahre vergehen, bis den beiden rührigen Archivaren Christian Wolfgarten und Gerhard Wilczek die eigene respektable Präsentation gelang.

Haus des Kölner Karnevals, Sitz des Festkomitees von 1965 bis 1999

Ferdinand Leisten entwickelte mit seinen vielschichtigen Aktivitäten ein feines Gespür für lang entbehrte „Karnevalskultur" – Grundgesinnung für das im Keim angedachte Museum, dem auch die ihm nachfolgenden Präsidenten verpflichtet blieben.[14] Als zusätzlicher Mitstreiter und Mäzen stellte sich endlich der „Große Senat" unter seinem Vorsitzenden Jan Brügelmann ein. Das von ihm geforderte „Heimatmuseum" war erklärtes Ziel. Hinter dem Pseudonym verbarg sich ein würdiges Karnevalsmuseum der Zukunft.[15] Dem Kölnischen Stadtmuseum verdankte die 1985 auf Initiative des damaligen Festkomiteepräsidenten Bernd Assenmacher inaugurierte, um ein Vielfaches erweiterte Schau in der Antwerpener Straße manche Anregung. Nicht zuletzt war sie inspiriert von den „Masken und Narren", der Jubiläumsdarbietung anlässlich des 150. Geburtstages eines „modernen Kölner Karnevals" (1972/73).[16] „Niemals zuvor wurde kölnische Fastnachtshistorie in all ihrer Vielfältigkeit und Rückbindung zu verwandten Fastnachtslandschaften als anspruchsvolles, kulturhistorisches Faktum so prägnant dargestellt wie hier", blieb Leistens Quintessenz.[17]

Karneval als Kultur oder „Kultur stiftend" – ein geflügeltes, viel zitiertes Bonmot, seit Hugo Borger zur hundertjährigen Gründungssession der „Großen Kölner Karnevalsgesellschaft von 1882" beim Festkommers im Kölner Opernhaus ein Referat vor festlich gestimmten Gästen hielt.[18] Und so räumte auch ein anspruchsvoller Kölner Museumsführer dem „Heimatmuseum im Haus des Kölner Karnevals" Platz zur Darstellung und Illustration ein.[19]

Andere Initiativen für das eigenständige „Fastnachtsmuseum" lagen schon länger in der Luft, mit einer Vorgeschichte, die bis ins Ende des 19. Jahrhunderts reichte. Leider waren diese Vorschläge meist ohne brauchbares Konzept, weshalb Wunsch und Wirklichkeit unvereinbar blieben. Trotzdem halten wir die Spurensuche weiter im Auge.

Das Hahnentor, das erste „Historische Museum der Stadt Köln", in den 1880er Jahren

Ein Rückblick in die Geschichte

Nicht irgendwann, sondern auf den Tag genau überliefern die Niederschriften der Kölner Stadtverordneten-Versammlung das Interesse an einem „Historischen Museum". Es war der 13. Juli 1888, als das Gremium mit der „Errichtung eines historischen Museums für Köln und seine Umgebung"[20] erstmalig befasst war. Die Vorstellungen davon gerieten reichlich nebulös.[21] Im Gespräch für die Unterbringung des neu zu gründenden Institutes war von Anfang an das gerade restaurierte Hahnentor, ein denkmalwürdiges Relikt der in den Jahren zuvor niedergelegten mittelalterlichen Stadtmauer.[22] Das Protokoll der Ratssitzung erwähnt eine Art Gründungskommission – alles Leute mit Rang und Namen. Dann die üblichen Präliminarien eines Gründungsaktes: Mittwochs und samstags soll das Museum „von 11–1 Uhr geöffnet sein." 500 (Gold-)Mark waren für die Erstausstattung geplant. Der heutige Leser derartiger Überlegungen kann nur zu dem Schluss kommen, dass es dem Rat bei aller verbalen Bekundung „für die alte Stadt mit ihren vielen historischen Erinnerungen" vor allem darauf ankam, den Etat nicht sonderlich zu belasten. Zur Leitung des Museums habe sich Direktor Pabst „ohne Entschädigung bereit erklärt." Ein „Kuratorium würde zu bestimmen haben über das System der Aufstellung, die Vermehrung der Sammlung und würde von Zeit zu Zeit kleinere Ausstellungen, welche zum Beispiel einzelne Plätze oder hervorragende Gebäude beträfen, veranstalten können, um so dem Publikum alte, liebe Erinnerungen wieder in die Seele zu rufen." Alles sehr vage und mehr der Zufälligkeit anheim gegeben. Aus den Sammlungen des Wallraf-Richartz-Museums, des Historischen Archivs, der (Stadt-)Bibliothek, dem Rathaus(turm) sollten „auf die Geschichte von Köln bezügliche Gegenstände ... überwiesen werden." So der Beschlussentwurf.[23] Am 14. August 1888 konnte das Museum „in bescheidener Weise" eröffnet werden. Die an die Stadtverordneten gerichtete Bitte auch bei anspruchsloser Feier sich „möglichst zahlreich zu beteiligen",[24] spricht Bände für „Interesse" und spontane Zustimmung.[25]

Im Historischen Archiv der Stadt Köln haben sich nach Recherchen der Bibliothekarin des Kölnischen Stadtmuseums, Beatrix Alexander, wenige Korrespondenzen aus dem kurzen Direktorat des Arthur Pabst erhalten. Zur Thematik „Karneval" gibt es im Dezember 1889 Andeutungen:[26] „Im Historischen Museum (Hahnentor) finden sich allerdings einige Abbildungen alter Carnevalszüge, die ich während des Carnevals 1889 ausgestellt hatte. Dieselben liegen zur Zeit wieder in Mappen, stehen jedoch jederzeit ... zur Verfügung." So die Beteuerung an den „Hochgeehrten" (unbekannten) Adressaten. „Bei dieser Gelegenheit gestatten Sie mir zu bemerken, daß wir leider nur wenige Abbildungen besitzen, welche sich auf den Carneval beziehen. Ich bin jederzeit ... dankbar, wenn mir derartiges Material nachgewiesen wird, da ich die Absicht habe, im Historischen Museum diesem kölnischen Fest eine besondere Abteilung, womöglich einen besonderen Saal zu widmen. Falls Ihnen ... daher derartige Sachen unterkommen oder in Privatbesitz bekannt sind, so bitte ich um gefällige Mitteilung."[27]
In einer über etliche Seiten gehenden „Dienstanweisung" vom 7. März 1890[28] sind Kölner Fastnachtsutensilien ausdrücklich nicht erwähnt. Vielleicht könnten unter Nr. 8 in jener „Dienstanweisung" dem Museumsleiter Arthur Pabst wünschenswerte Sammelobjekte zur Kölner Karnevalsgeschichte inventarisiert sein. Sie betrafen „Coloniensia – Altkölnische Erzeugnisse jeder Art", eventuell auch die genannten „alten Carnevalszüge". In summa als „coloniales Sammelsurium" einigermaßen despektierlich, doch durchaus zutreffend bezeichnet.[29]

Maskenzug von 1825, Lithografie von J. Schlappal

Die mutmaßlich gemeinten, zum Teil kolorierten Lithografien von W. Goebels (1824), A. J. Tonger, (1824), J. Schlappal (1825) und D. Levy Elkan gehören heute zum sorgfältig gehüteten Besitz des Kölnischen Stadtmuseums. Als absolutes Unikat darf das „Programm des Maskenzuges am Fastnacht-Montag 1823 zu Köln am Rhein" (Druck Th. F. Thiriart) gelten. Eine Mappe dieser im Kunsthandel immer seltener zu erwerbenden Kostbarkeiten konnte auch das neue Karnevalsmuseum am Maarweg seiner Sammlung zuführen.[30]

Direktor Pabst scheint damit als erster die kulturhistorische Bedeutung dieses „altkölnischen Festes" erkannt zu haben und mit den Schwierigkeiten der allmählichen Komplettierung konfrontiert worden zu sein.

Das Inventarium des Kölnischen Stadtmuseums (in Nachfolge unter anderem des Historischen Museums) notiert von 1888 bis 1892, dem Jahr des Fortgangs seines ersten Direktors Arthur Pabst, nur zwei Neuerwerbungen für den Sammelkomplex „Karneval": einen „Wimpel der Ehrengarde" und den „Reiter aus Ton", als möglicher Jan von Werth interpretiert.[31] Der kümmerliche Zuwachs spiegelt das Engagement bezüglich derlei Exponaten wider und macht die „Sammelsurium"-Situation während jener Jahre deutlich. Empfunden wurde das Historische Museum als Dependance des Kunstgewerbemuseums.[32]

Arthur Pabst, „womöglich von der beidhändigen Betreuung des Kunstgewerbe- und Historischen" (Museums) überfordert, zog sich „nach wenigen Jahren in die Rheinische Provinzial-Irrenanstalt Grafenberg" zurück,[33] wo er im März 1896 „nach längerem Leiden" verstarb. So die kurz gefasste Nachricht in der Kölnischen Zeitung.[34]

Sein Nachfolger im Museumsamt (Historisches Museum) war Joseph Hansen. Dieser stand in erster Linie dem Historischen Archiv der Stadt Köln vor (1892–1924). Er war ein exzellenter Wissenschaftler, vornehmlich zur Rheinischen Geschichte, und wurde in die Vorstandsgremien etlicher wissenschaftlicher Vereine berufen.[35] Von solch geistiger, ebenso organisatorisch begabter Statur, war er nun künftiger Hüter jener wenigen, doch zu vermehrenden Karnevalssiebensachen. Als geborenem Rheinländer wird man ihm Verständnis für das alte Kölner Volksfest nachsagen dürfen. Hansen gab 1902 einen ersten „Allgemeinen Führer" zum Historischen Museum heraus, ein schmaler Leitfaden „durch die Sammlungen in der Hahnentorburg" und in der „Eigelsteintorburg". Immerhin war inzwischen eine zweite Ausstellungsmöglichkeit hinzugekommen und die jährliche Besucherzahl auf mehr als 30 000 gestiegen.[36]

Das Eigelsteintor, der zweite Standort des „Historischen Museums der Stadt Köln", nach Abriss der Stadtmauer

Am 26. Januar 1899 stand in der Kölner Stadtverordnetensitzung die „Verwendung der Eigelsteinthorburg für Zwecke des Historischen Museums" zur Aussprache.[37] Hansen plädierte mit triftigen Argumenten für die „Eigelsteinthorburg und ihre sechs mäßig großen Räume." Raum fünf nahm das „Vereins- und Innungswesen der Stadt Köln im 19. Jahrhundert" auf sowie den Karneval.[38] Es gab dazu nur wenige, museumswürdige Exponate: „Maskenzüge von 1827 und 1882". Sodann den Festgruß der Leipziger Karnevalsgesellschaft anlässlich der fünfzigjährigen Jubelfeier des Kölner Karnevals im Jahr 1873 und vier von dem Karnevalspräsidenten Fritz Hönig im Jahr 1882 gestiftete Glaspokale. Eine Anzahl von Blättern an einer Stellwand illustrierte gleichfalls das „eigenartige Kölner Faschingstreiben". Dazu kam eine Auswahl etlicher Karnevalsorden im Pultschrank.[39] Insgesamt war es ein mehr als dürftiges Konglomerat, wenngleich das Inventarium zum gleichen Jahr jene frühen Kölner Maskenzüge notiert – vor allem den von 1824 –, die Einblicke zur kulturhistorischen Bedeutung der Kölner Fastnacht bieten.[40] So bleibt die Auswahl umstritten. Nach wie vor galt der Karneval in situ vor den Museumstoren und spielte als Museumsgut nur eine marginale Rolle.
Fritz Hönig gedachte hier abzuhelfen. Er stiftete unter anderem „zwölf vortreffliche, von den Malern Grotjohann und Müller sowie dem hiesigen Architekten Siegert ausgeführte Aquarelle, den Carnevalszug von 1882 – Leben und Taten des Jan von Werth – darstellend." Sie bildeten nunmehr die Hauptzierde der karne-

valistischen Sammlung des Museums und repräsentierten einen sehr ansehnlichen Wert. So das Protokollfazit der Stadtverordneten-Versammlung von 1901.[41]

Fast zum gleichen Datum findet sich in den Akten des Historischen Archivs eine von Joseph Hansen aufgesetzte Notiz für die Redaktionen der Kölner Tageszeitungen: „Wie alljährlich zur Carnevalszeit hat auch in diesem Jahr das Historische Museum in der Hahnenthorburg aus seiner den Carneval betreffenden Sammlung eine kleine Ausstellung veranstaltet.“[42] Die Vorzeigerolle war dabei dem eben zitierten Hönig'schen Präsent zugewiesen. Jene gelobten Aquarelle stellten sicherlich nach damaliger Einschätzung auch einen finanziellen Wertzuwachs dar, weil sie aus der hoch dotierten Düsseldorfer Künstlergeneration stammten. Angelegt waren sie in einer fast als akademisch empfundenen, auf Originalität bedachten Malmanier, nicht zu vergleichen mit den frühen kolorierten Lithografien von Goebels, Goffart, Schlappal oder Levy Elkan. Diese standen dem romantischen Flair der Jahre 1823 bis 1828 nahe – spontan und auch unbekümmert. Von Hansen wurden sie an das Ende der Ausstellungsankündigung platziert

Aus der Folge „Der Maskenzug von 1882 – Jan de Werth, Rittmeister“, Aquarelle von Grotjohann, Müller und Siegert

und nur beiläufig erwähnt. Dem Publikum im Nebeneinander eine reizvolle Variante zu bieten, wurde verpasst, vielleicht auch bewusst in Kauf genommen, mit Rücksicht auf Hönig und die Einschätzung der Ratsversammlung.
Erinnern wir uns: Arthur Pabst scheint jene frühen Karnevalszugdarstellungen – sie werden, weil äußerst selten geworden, hoch gehandelt[43] – gemeint zu haben, als er sie 1889 der Öffentlichkeit erstmals vorlegte, um sie danach aus konservatorischer Sorgfalt „wieder in Mappen" zu bewahren.[44] Man vermisst diese – aus welchem Grund auch immer – im Museumsführer von 1902.
Gleichwohl bemühte sich Joseph Hansen, „preußisch-systematisch" Ordnung zu schaffen.[45] Einiges davon spürt der Leser im Katalog der Ausstellung „Alt- und Neu-Cöln" (1914): „Der Karneval ist ein altüberliefertes Fest in Köln, über dessen ältere Geschichte indessen historische Erinnerungen und bildliche Darstellungen nicht erhalten sind. Auch die sonstigen Nachrichten aus älterer, vor das Jahr 1800 hinaufreichender Zeit sind sehr dürftig. Nach der Beseitigung der französischen Fremdherrschaft, während derer der Karneval sehr zurückgetreten war, wurde in Zusammenhang mit der romantischen Bewegung, welche die älteren Ortstraditionen mit Vorliebe pflegte, die Erneuerung des Karnevals von einer Anzahl namhafter Persönlichkeiten, an erster Stelle H. v. Wittgenstein, ins Auge gefaßt und im Jahr 1823 durchgeführt. Die nächsten Jahre von 1824 an zeichneten sich durch besonders glanzvolle Ausgestaltung des Maskenumzuges am Rosenmontag aus, und von diesem Zeitpunkt beginnen denn auch die erhaltenen bildlichen Darstellungen des Kölner Karnevals und die sonstigen Erinnerungen, von denen das Historische Museum in den letzten Jahrzehnten eine ansehnliche Zahl gesammelt hat."[46]
Kölner Karnevalsgesellschaften und „Privatbesitzer" werden als Leihgeber für diese Ausstellung genannt.[47]

Zum Komplex „Historisches Museum und Historisches Archiv" äußerte sich Joseph Hansen dann nochmals 1915.[48] Auch er bemängelte, dass es anfangs keine „völlige Klarheit über die Aufgaben des Museums für die Stadtgeschichte" gab. Seit er die Verantwortung „nebenamtlich" auch für das Museum trage (1894), „bildet den leitenden Gesichtspunkt für die Verwaltung, daß das Historische Archiv und das Historische Museum innerlich zusammengehören und sich gegenseitig zu ergänzen haben ... Die Veranschaulichung der Kultur- und Sittengeschichte ... ist die eine, mehr populäre Seite der Aufgabe des Historischen Museums. Die organische Ergänzung dieses Anschauungsmaterials bilden aber die schriftlichen – urkundlichen, aktenmäßigen und chronikalischen – Quellen, die im Historischen Archiv ihren natürlichen Sammelpunkt haben. Erst aus der Zusammenfassung beider Gruppen ergibt sich die breite, wissenschaftliche Grundlage der allgemeinen Stadtgeschichte."[49] Das sind Kernsätze, Prinzipien, die auch heute noch gelten und die selbstverständlich ein Karnevalsmuseum zu beherzigen hat, will es überhaupt dem Phänomen „Fastnacht" im Allgemeinen gerecht werden.

Bereits 1913 hatte sich der „Bürgerausschuß" zur Förderung des Rosenmontagszuges konstituiert, eine Initiative des gehobenen Kölner Bürgertums mit Oberbürgermeister Max Wallraf als Vorsitzendem. Ähnlich wie 1823 spielten Reformen des ins Triviale abgleitenden Karnevals eine Rolle. Über die auf historische Forschung gegründete „Renovatio" der Fastnacht wurde diskutiert und auch ein „Karnevalsmuseum" ins Auge gefasst.[50]
Joseph Hansen standen seit 1902 zwei der mittelalterlichen Torburgen zur Verfügung: „In schnellem Zeitmaß"[51]war er um die Vermehrung der Sammlung für das Historische Museum bemüht. Sein Plädoyer galt der Zusammenführung getrennter Ausstellungsorte. „Der lokalhistorische Charakter gerade der Sammlungen dieses Museums würde erst durch regelmäßige Gruppenführungen, vor allem von Schülern und Schülerinnen der oberen Klassen der Volksschulen und höheren Schulen, in vollem Maße für die Pflege der heimischen Überlieferungen in den künftigen Generationen nutzbar gemacht." Das war sehr in die Zukunft gedacht und ist ebenso für das neue Karnevalsmuseum zu bedenken.[52]

Bei allem Verständnis für den Kölner Karneval wäre Joseph Hansen kaum auf die Idee gekommen, ein spezielles Karnevalsmuseum zu fordern. Das taten andere. Übrigens zu seiner Zeit schon, aufgrund der vom Historischen Museum arrangierten Wechselausstellungen zu den Fastnachtstagen in der Tradition des Arthur Pabst. Joseph Wingender, „einer der repräsentativsten Präsidenten, die die Geschichte des Kölner Karnevals aufzuweisen hat", stand hinter diesem Projekt, wie Joseph Klersch versicherte.[53] Hansen sah solche Bemühungen auch als Werbefaktor.

Das 1925 gegründete Rheinische Museum in Deutz, um 1927

„Jahrtausend-Ausstellung" und „111 Jahre Kölner Karneval"

Mehr als zehn Jahre später – der verlorene Erste Weltkrieg ließ alle Karnevalseuphorie für längere Zeit verstummen – wurde die Chance für ein Karnevalsmuseum erneut aktuell, genährt durch die „Jahrtausend-Ausstellung der Rheinlande" (1925) in den Kölner Messehallen.[54] Damit trat zum ersten Mal ein Mann auf die Kölner Fastnachtsbühne, der mit wissenschaftlicher Kompetenz, Nachdruck und persönlichem Engagement, auch mit wachsender Museumserfahrung, beharrlich das Karnevalsmuseum der Zukunft konzipierte.

Joseph Klersch wurde 1893 in Köln geboren. Er gehörte demnach zu jener Generation, die bewusst das Kaiserreich, den Ersten Weltkrieg, Weimar und schließlich die Nazidiktatur mit der Zerstörung all dessen, was unter dem Begriff „Altes Köln" zusammengefasst werden kann, erlebte. Seine Forschungen zu „Volkstum und Volksleben in Köln – ein Beitrag zur historischen Soziologie der Stadt"[55] wurden zum Kompendium seines beruflichen Auftrages als Leiter der „Abteilung Kölnisches Volkstum" (1946–1958). Sie waren insofern nicht unproblematisch, als „Volkstum", nationalsozialistisch missbraucht oder verfremdet, nach 1945 oft als „Unwort" galt und Klersch, ohne dies zu wollen, im Streit der Mei-

nungen stand. Die von ihm für die „Jahrtausend-Ausstellung" bearbeitete „Abteilung Karneval"[56] dokumentierte nicht nur die Kölner Karnevalshistorie ab 1823. Sie tangierte ebenso Mainz, Düsseldorf und die Dülkener Narrenakademie.
Seit 1925 betreute Klersch beim neu gegründeten Rheinischen Museum unter der Leitung Wilhelm Ewalds nicht nur die Grafische Sammlung, sondern auch die für den Kölner Karneval relevanten Sachgüter und war auf deren Erweiterung bedacht.[57] Das in seiner Zeit entstandene Rheinische Bildarchiv, von Klersch länger verwaltet, war seitdem, auch der soliden fastnachtlichen Abbildungssammlung wegen, eine gefragte Adresse.
Die „Jahrtausend-Ausstellung der Rheinlande" hatte letztlich zur Gründung des Rheinischen Museums in Deutz geführt, wenngleich Wilhelm Ewald noch am 1. Januar 1925 als „Direktor des Stadtgeschichtlichen Museums" und Nachfolger von Joseph Hansen gewählt wurde.[58] Dessen lang gehegter Wunsch, die Sammlungen an einem Ort zusammenzuführen, ging mit dem Ausbau der einstigen Deutzer Kürassierkaserne in Erfüllung.[59] Baudirektor Adolf Abel schuf den neuen Museumskomplex ab 1927. Die großzügige räumliche Ausdehnung sah auch eine detaillierte Darstellung der Kölner Karnevalshistorie, von Klersch entworfen, vor.[60] Das fortgeschrittene Projekt scheiterte bei Kriegsbeginn. Wiederum standen der Gründung eines Karnevalsmuseums als größere Abteilung innerhalb der stadthistorischen Gesamtdarstellung unglückliche Zeitverhältnisse im Weg.

Joseph Klersch (1893–1969)

Jahre zuvor – im Januar 1933 – war die Kölner Museumsfamilie durchaus bereit gewesen, das stadtkölnische Kultur- wie Geschichtsphänomen „Karneval" zu integrieren, dem längst fälligen Karnevalsmuseum eine Chance der Repräsentation zu bieten. Hierbei übernahm das Kunstgewerbemuseum – aus Tradition dazu prädestiniert[61] – die Vorreiterrolle. „Das Kölner Karnevalsmuseum bald vollendet", tönten damals die Kölner Gazetten reichlich voreilig.[62] Immerhin bot sich eine bislang ungewöhnliche und attraktive Form der Präsentation in den weiträumigen Sälen des Kunstgewerbemuseums am „Hansaplatz". Die Kölner Bevölkerung quittierte begeistert moderne Formen „musealer" Inszenierung: „111 Jahre Kölner Karneval", unter wissenschaftlicher Verantwortung von Joseph Klersch. Schwerpunkt blieb die Festentwicklung seit 1823, erweitert durch revueartige Programmfolgen

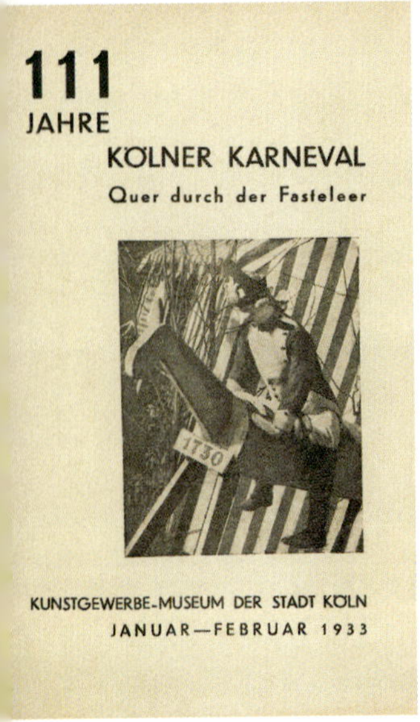

Der Katalog der Ausstellung „111 Jahre Kölner Karneval" im Kunstgewerbemuseum der Stadt Köln, 1933

während der Abendstunden, häufig der Mundart gewidmet.[63] Mit Bravour nahm sich das Kunstgewerbemuseum der (scheinbar) „leichten Muse" an. Museumsdirektor Karl With versprach „fröhliche Wissenschaft".[64] Und immer lauter wurde der Wunsch nach einem „richtigen Karnevalsmuseum", das mit dieser „brillanten Vorstellung seine Generalprobe serviert" habe. Man findet die Resonanz in zahlreichen Leserzuschriften.[65]

Als glänzendes Debüt und „Zeichen lebendiger Arbeitsgemeinschaft zwischen seinem Institut, dem Stadthistorischen Museum (Direktor Wilhelm Ewald) und den Kölner Werkschulen (Prof. Schröder) deklarierte With die Kooperation. Unter den Leihgebern sind auffällig wenige Karnevalsgesellschaften. Es überwiegen Privatpersonen.[66]

In der Einleitung zur „Museumswelt" Karneval skizzierte Klersch das Spezifikum „Rheinische Fastnacht" gleich zweimal: „Ihre heutige Ausprägung erfuhr (sie) in den 1820er Jahren in Köln unter dem Einfluß der Romantik. Die Entwicklung von Inhalt und Form im Wechsel der Jahrzehnte zu zeigen, ist die erste Aufgabe dieser Schau."[67] Hier stand Klersch noch deutlich unter dem Einfluss der ganz entschieden auf den rheinischen Raum fixierten „Jahrtausend-Ausstellung" als Reaktion auf separatistische Bedrohung der Jahre zuvor.[68]

Das Kunstgewerbemuseum am Hansaring, um 1933

Szene der Roten Funken in der Ausstellung „111 Jahre Kölner Karneval"

Als zweite Aufgabe definierte Klersch in reichlich emotionaler Einschätzung und zeitgemäßem Sprachtenor angepasst: „Die Gefahr, daß der rheinische Karneval die Verwurzelung im rheinischen Volkstum und in der rheinischen Eigenart verlieren würde, war in den letzten Jahren besonders groß, weil Krieg und Besatzungszeit eine lange Pause in der Feier des Festes mit sich gebracht hatte, unter der die Pflege der Tradition leiden mußte. Namentlich in den Großstädten lag der Zerfall des Karnevals in einen Karneval snobistischer, internationaler Art und in einen Karneval der Ungebundenheit, mit Rohheit verwechselt, nahe."[69] Erneut war der Reformgedanke angesprochen, von der Stadtelite im „Bürgerausschuß" uneingeschränkt gutgeheißen, mitsamt der baldigen Gründung eines separaten Karnevalsmuseums.[70]
Einem Kanon gleich zieht sich die Zauberformel „Renovatio – Erneuerung – Reform" als immer gegenwärtige, wenn auch unterschiedlich interpretierte Forderung durch die Geschichte des organisierten Karnevals, schon im Mittelalter – später, wenn man will – durch wiederkehrende Verbote artikuliert.[71]

Reformwille als Besinnung auf die häufig beschworene „Karnevalskultur" mag erneut die Notwendigkeit eines Karnevalsmuseums in unserer Zeit, auf sozusagen „geistig-akademischer" Grundlage, inspiriert haben. Dabei gab es zunächst sehr unterschiedliche Vorstellungen für den geeigneten Standort.
Von einer „Via Culturalis" als zentraler Kölner „Kulturachse" zwischen St. Maria im Kapitol und dem Dom war die Rede.[72] Möglichst folgerichtig verlängert mit den Stationen „Römermauer" – „Römerbrunnen" – „Kölnisches Stadtmuseum" als Schlusseffekt. Der Römermauer angelehnt, in den doppelgeschossigen Räumen der „Alten Wache" sollte die beachtliche historische Karnevalssammlung etabliert werden. Als weiterer Standort wurde der jetzt niedergelegte Komplex des Kaufhauses „Kutz" diskutiert. Triftige Gegenargumente, von Stadtverwaltung und dem Festkomitee vorgetragen, ließen das Vorhaben scheitern. Es blieb bei der Option Maarweg. Erst jetzt konnte die verzögerte Planung mit Vorgabe eines realen Raumgefüges in die entscheidende Phase treten.

Auch das neue Karnevalsmuseum mag ein Instrument jener zitierten Reformbewegung sein, eine Rückbesinnung auf die „Karnevalskultur", die bisweilen grob missachtet und mit dilettantisch-trivialen, auch abstoßenden Karnevalspraktiken im weit gehend kommerzialisierten „Karnevalsgeschäft" belastet wird.
Das Karnevalsmuseum, eine „pädagogische Anstalt" sozusagen? Vornehmlich folgt es anderen Prinzipien und Inhalten. Kulturgeschichtliche oder volkskundlich-soziologische Facetten sind Leitmotive. Es geht ihm ebenso um die Darstellung von Parallelentwicklungen im europäischen Raum, der Rezeption von „Fastnacht" – „Fasnet" – „Karneval" auch in den deutschsprachigen Grenzgebieten. Die Kölner Fastnacht war immer bereit, über den eigenen Tellerrand zu blicken, wie das heitere Spiel um die Fürstin Venetia 1824 demonstriert, symptomatisch und folgenreich mit dem Ensemble der Commedia dell'Arte durchgespielt. Auch die festlichen „Inventiones" des Barock haben die Kölner Rosenmontagszüge, in erster Linie des 19. Jahrhunderts, entscheidend beeinflusst, als Figuren- oder Wagenkompositionen. Auf anderen fastnachtlichen Ebenen, weiter zurückliegend, sind Kölner „Fastnachter" ebenfalls mit der Rezeption aktiv gewesen: den „Schwert-"

und „Reifentänzen“ nämlich, angelehnt dem Nürnberger „Schembartlauf“, die nach kuriosem Gusto der kölnischen Fastnacht „inkorporiert“ wurden.[73]

Die Thematik „Fastnacht“, auch „Karneval“ – beschränken wir uns auf diese beiden gängigen Oberbegriffe –, ist ein heute nicht mehr fortzudenkendes Forschungsfeld der Volkskunde. Als wissenschaftliche Disziplin ist es längst anerkannt. Und das Phänomen menschlicher Verhaltensweisen im Ausnahmezustand ist bei der Psychologie angesiedelt.[74]

Die Zielsetzung des neuen Karnevalsmuseums (vielleicht fällt klugen Köpfen irgendwann eine diesem Museumstyp adäquatere Bezeichnung ein!) beruht auf den Ergebnissen und Anregungen der genannten Wissenschaftszweige, übrigens ohne den Besucher damit zu belasten oder abzuschrecken. Aber: Dem Karneval hing nun einmal das Odium des oberflächlichen Plaisiers fast unausrottbar an, zuweilen auch heute noch. Dieses negative Image sollte bewusst korrigiert werden.

Dem neuen Kölner Karnevalsmuseum mit seiner modernen Ausstattung, dem Wechsel von Licht und Schatten, der Farbgebung und entsprechenden Kommunikationstechniken geht es nicht um die Darstellung fastnachtlichen Allotrias, des immer neuen, weithin erwarteten, populistisch-flüchtigen „Events“. Es möchte vor allem Denkanstöße zu einer vielleicht unbekannten Welt der Narren verständlich vermitteln.

Die Präsentationsformen im neuen Karnevalsmuseum sind sorgfältig auf die einzelnen Exponate abgestimmt. Hier: Orden des „Fest in Gold“, ausgestellt in einer begehbaren „goldenen Schatzkiste“.

Form, Funktion und Wirtschaftlichkeit in Einklang gebracht

Der Bau des neuen Karnevalsmuseums

Irina Weißbrod

Die Gebäude am Maarweg sind bereits 1999 mit der Vorstellung bezogen worden, hier einmal ein schönes und liebevoll eingerichtetes Karnevalsmuseum eröffnen zu können. Als dann bald der Platz in den Wagenhallen immer knapper wurde, stand fest, dass eine zusätzliche Remise für Traktoren gebaut werden musste. Am Rande dieser Überlegung wurde dabei auch schon über die Einrichtung des neuen Karnevalsmuseums nachgedacht. Das Vorhaben war jedoch zunächst unter kaufmännischen Gesichtspunkten zu den damals bekannten Konditionen nicht zu realisieren.

Der Beitrag des Architekten

Der Architekt Hanspeter Kottmair übernahm seine beratende Tätigkeit zu einem Zeitpunkt, als der Große Senat die Innenarchitektin Anne-Doris Fluck mit einer Studie zur Einrichtung eines Museums im Bereich der Erdgeschossebene des Bürogebäudes in Verbindung mit der benachbarten Gewerbehalle beauftragt hatte. Die wichtigste Aufgabe bestand für den Architekten darin, zu einem frühen Zeitpunkt ein finanzielles Rahmenkonzept zu erarbeiten, mit dem das Festkomitee in die Lage versetzt werden konnte, die gewünschten Planungen zu verwirklichen. Unter den nun festgesetzten Vorgaben konnte mit der eigentlichen Entwurfsbearbeitung begonnen werden. Dabei wurde Hanspeter Kottmair von seinem Mitarbeiter Norbert Klersy unterstützt, der als projektleitender Architekt für den reibungslosen Planungs- und Baufortschritt verantwortlich war. Aufgrund der hervorragenden Zusammenarbeit mit dem Vorstand und dem Beirat des Festkomitees, der Innenarchitektin Anne-Doris Fluck sowie dem Museumsleiter Matthias von der Bank konnte sehr bald schon der Bauantrag eingereicht werden. Nach einem positiven Vorbescheid des Bauamtes im April 2003 wurde die Baugenehmigung dann vier Monate später im August 2003 erteilt. Mit der Ausführungsplanung und der Suche nach einem passenden Generalunternehmer war bereits be-

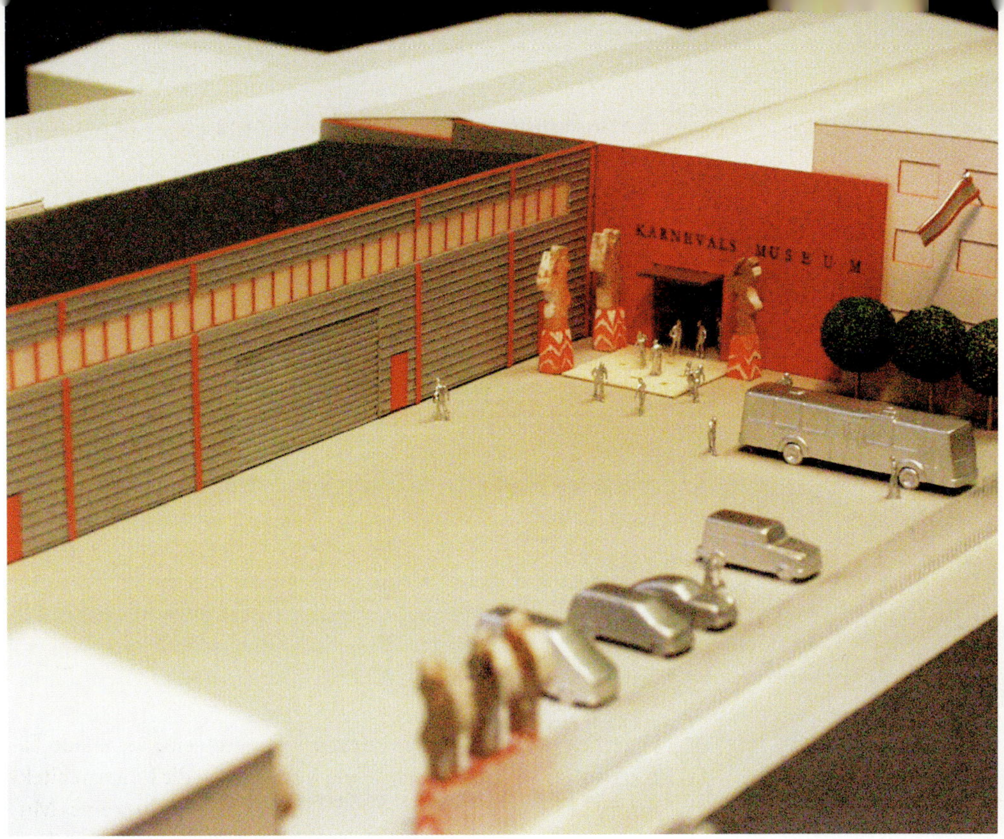

Das Karnevalsmuseum im Modell: der Museumsplatz mit neuer Wagenhalle und Museumseingang

gonnen worden. Die Vergabe des Auftrags für die Erstellung der Wagenhalle sowie für die grundlegenden Arbeiten in der Museumshalle und dem Museum erfolgte im Juni 2003 an den Generalunternehmer MBN Bau Köln GmbH. Der Bau der neuen Wagenhalle wurde im August 2003 begonnen, und im November konnte die Halle bereits bezugsfertig an das Festkomitee übergeben werden. Gemeinsam mit dem ersten Auftrag wurde auch der Auftrag zur schlüsselfertigen Erstellung der Hülle für das Museum an die Baufirma vergeben.

Die Grundsteinlegung für die Ausstellungsräume fand im Juli 2003 statt. Im Rahmen seiner beratenden Tätigkeit übernahm Hanspeter Kottmair bis zum Abschluss des Projektes gemeinsam mit dem Vorstand des Festkomitees die Kostenkontrolle. Nach Fertigstellung der Baumaßnahmen am Museum im Dezember 2003 oblag es dann der Innenarchitektin und dem Museumsleiter, die Räumlichkeiten mit Leben zu füllen.

Das Grundstück und seine Gebäude

Im Jahr 1998 erwarb die Gemeinnützige Gesellschaft des Kölner Karnevals mbH (Festkomitee) das Grundstück am Maarweg und zog dort am 9. September 1999 ein. Das ehemalige Gelände der Buderus Eisenwerke mit einer Gesamtgrundstücksfläche von ca. 8 500 qm liegt im Herzen von Braunsfeld am Maarweg 134-136. Die Werkshallen und ein Bürogebäude aus den 70er Jahren fassen L-förmig einen großen Platz ein. Die anderen beiden Seiten des rechteckigen Platzes sind bis auf ein solitäres Wohn- und Bürogebäude frei von Bebauung und werden lediglich durch eine Zaunanlage am Maarweg sowie eine Wand zu den Nachbargrundstücken definiert.

Entlang der östlichen Grundstücksgrenze besteht die Bebauung aus einem Hallenverbund, der sich aus drei unterschiedlichen Gebäuden zusammensetzt. Eine Stahl-Beton-Skelettstruktur auf einer Grundfläche von ca. 400 qm bildet in diesem Riegel das sta-

Schemagrundriss des Museums

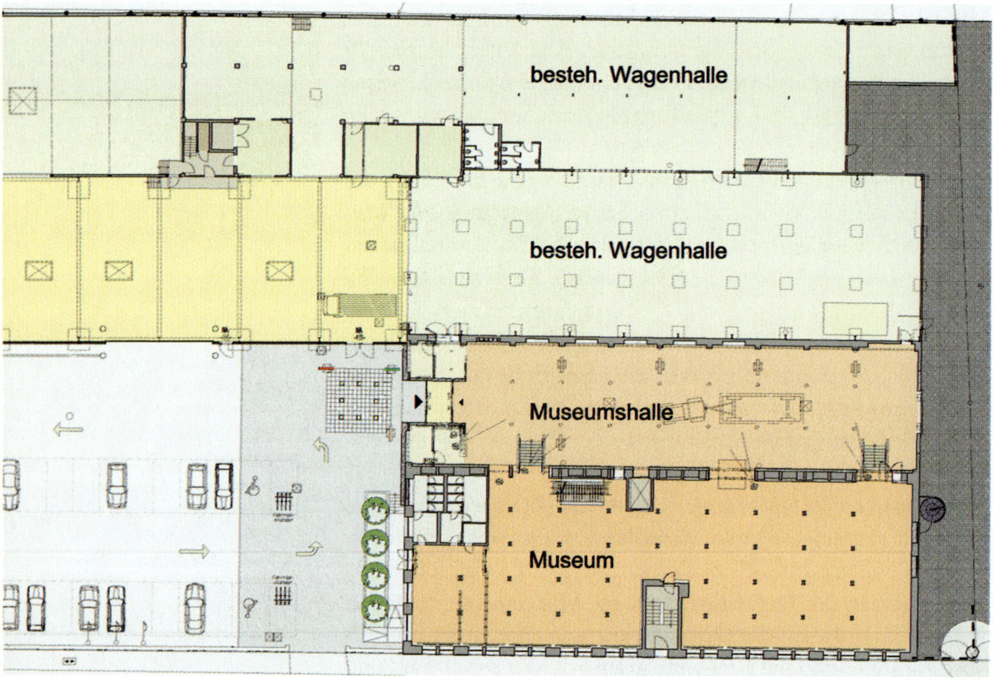

tische System des mittleren, zweigeschossigen Gewerbegebäudes. Südlich schließt sich eine eingeschossige Halle in Stahl-Skelettbauweise auf knapp 500 qm Grundfläche an. Nördlich des Betongebäudes befinden sich zwei hohe, eingeschossige Gewerbehallen mit einer Erdgeschossfläche von ca. 700 und 400 qm. Die Hallen sind jeweils mit Kalksandsteinen ausgefacht, verfügen über Fensterbänder und sind zum Teil offen miteinander verbunden.
Auf dem südlichen Teil des Grundstücks steht der zweite Gebäudeverbund, in dem sich heute auch das Museum befindet. Unmittelbar am Maarweg prägt das dreigeschossige Verwaltungsgebäude die Straßenansicht, mit der sich das Haus des Kölner Karnevals der Öffentlichkeit präsentiert. Auch dieses Gebäude besteht aus einer Stahlkonstruktion auf einer Grundfläche von etwa 850 qm. Es verfügt über einen Keller, ein offenes und ein geschlossenes Treppenhaus sowie einen Lastenaufzug. Sowohl die großen Doppelfenster im Erdgeschoss als auch die kleineren Fenster der oberen Etagen formen das Bild der regelmäßigen, weiß geputzten Lochfassade, in der die Fensterlaibungen durch einen roten Anstrich betont werden. Der Eingang des Treppenhauses in der Mitte der Straßenfassade bildet als Symmetrieachse eine harmonisch gesetzte Zäsur. Der Haupteingang in das hoch gelegte Erdgeschoss an der schmalen, dem Hof zugewandten Seite des Hauses wird durch eine großzügige Freitreppe und ein gläsernes Vordach deutlich akzentuiert. Eine kleine Halle, deren Fläche von 550 qm heute mit in das Museum integriert ist, erstreckt sich in Höhe des Erdgeschosses an der östlichen Längsfassade des Bürogebäudes. Regelmäßig verteilte Glas-Oberlichtelemente zwischen den filigranen Stahl-Fachwerkträgern der Satteldachkonstruktion gewährleisten eine natürliche Beleuchtung der Halle. Unterhalb der Dachkonstruktion kann ein Lastkran die gesamte Halle durchfahren. Das Bindeglied zwischen dem östlichen, eingeschossigen Hallenriegel und dem Museumskomplex besteht wiederum aus einer beidseitig angebauten Halle auf ca. 750 qm Grundfläche, deren Statik aus einer Stahlrahmenkonstruktion besteht.
Sämtliche Hallen werden für die Unterbringung des Fuhrparks für den Rosenmontagszug, der vielen Dekorationen, Wagenaufbauten und Großfiguren sowie als Werkstätten zum Bau neuer Objekte und Wagen vom Festkomitee genutzt. Das Verwaltungsgebäude beherbergt die für die Organisation notwendigen Büros, den Kostümfundus und seit dem Umbau auch das Karnevalsmuseum.

Die Aufgabe

Die Aufgabe des Architekten bestand darin, das Bürogebäude zum Museum umzubauen und die bestehenden Hallen um eine zusätzliche Wagenhalle zu erweitern.
Seit seiner Gründung im Jahr 1823 hat das Festkomitee des Kölner Karnevals neben seinen vielen Aufgaben rund um die Organisation und die Veranstaltungen des Karnevals auch viel originales Karnevals-Material wie zum Beispiel Festwagen, Figuren oder Kostüme selber hergestellt. Diese schönen Objekte aus den verschiedenen Epochen wurden natürlich auch aufbewahrt und archiviert. Im Laufe der Jahre ist so eine umfangreiche Sammlung entstanden, welche die Facetten des Kölner Karnevals differenziert dokumentiert. Eine öffentliche Präsentation dieser Sammlung wurde erstmals 1967 durch die museale Ausgestaltung des ersten Hauses des Festkomitees in der Antwerpener Str. 55 möglich. An diesem Ort konnte später, im Jahr 1985, eine größere, auf mehrere Räume verteilte Ausstellung zur Geschichte des Kölner Karnevals eröffnet werden.

Neben der Aufgabe, ein Kölner Karnevalsmuseum aufzubauen, obliegt dem Festkomitee aber vor allem die Koordination des gesamten Rosenmontagszuges in Köln. Außerdem ist das Festkomitee als Dachorganisation für alle Gesellschaften des Kölner Karnevals der maßgebende Ansprechpartner.
Da das Festkomitee für den Rosenmontagszug eigene Wagen herstellt und die bestehenden Hallen den Platzbedarf für die dafür notwendigen Arbeiten, aber auch für die fertigen Objekte nicht mehr aufwiesen, war das Architekturbüro Kottmair um die Erarbeitung eines Konzeptes für den Bau einer weiteren Wagenhalle mit Sozialgebäude gebeten worden. Die neue Wagenhalle dient nun der Unterbringung der Traktoren und Karnevalswagen in der Vorbereitungszeit zur Session, so dass sich die Nutzungsmöglichkeiten der alten und neuen Wagenhalle ergänzen.
Unter Einbindung einer der Bestandshallen wurde in der zweiten Bauphase das Erdgeschoss des Bürogebäudes vom Architekten Kottmair zum neuen, repräsentativen Museum umgebaut. Die Konzeption der Inneneinrichtung und der Funktionsabläufe des Museums übernahm die Innenarchitektin Anne-Doris Fluck. In den neu gestalteten Räumen können die in Jahrzehnten gesammel-

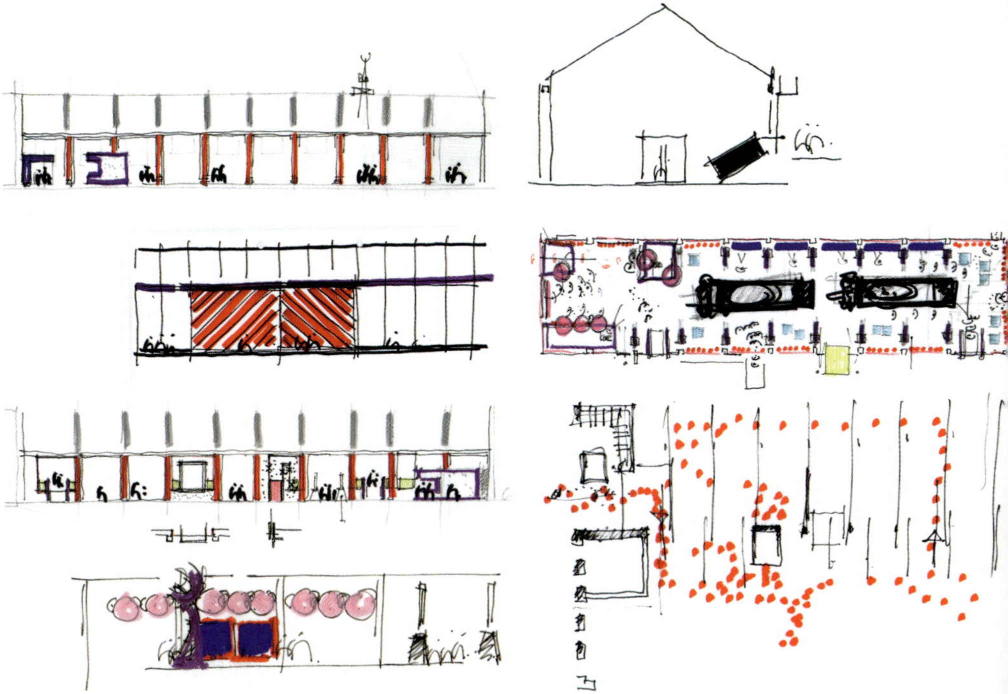

Erste Entwurfsskizzen des Architekten Hanspeter Kottmair

ten Karnevals-Accessoires, Kostüme, Orden und sonstigen Dokumente in einem angemessenen und ansprechenden Rahmen dem Publikum präsentiert werden. Der Besucher erlebt im Verlauf eines Rundwegs durch beide Gebäudeteile eine Zeitreise durch die Geschichte des Kölner Karnevals von der Antike bis zur Gegenwart. Eine flexible Konzeption ermöglicht in dem multifunktional nutzbaren Hallenbereich die Durchführung von Veranstaltungen und Festbanketten. Das Museum wird zum lebendigen Mittelpunkt des Kölner Karnevals auch außerhalb der Session.

Die neue Wagenhalle

Unter der Prämisse „Form, Funktion und Wirtschaftlichkeit in Einklang gebracht" steht insbesondere der Neubau der zusätzlichen Wagenhalle und des notwendigen Sozialgebäudes. Mit geringem Material- und Zeitaufwand sollten die beiden Bauvorha-

ben zu errichten sein. Dabei bot sich für die Wagenhalle eine leichte Stahlkonstruktion an, die in der Tradition der vorhandenen Bausubstanz steht. Die gesamte Konstruktion konnte in nur wenigen Tagen errichtet werden. Der Sozialtrakt mit zwei Eventküchen beziehungsweise Cateringräumen, WC-Anlagen und Lagerflächen wurde zunächst nur als Rohbau aus Kalksandsteinmauerwerk errichtet. Noch vor dem Beginn der Arbeiten an der Wagenhalle war dieser Neubau bereits in kürzester Zeit fertiggestellt.
Zur sinnvollen Ergänzung des bestehenden Hallenensembles, und um die Funktionsabläufe zwischen Werkstattbereich und Lagerflächen angemessen zu berücksichtigen, wurde die neue Wagenhalle als Fortführung des Bestandes unmittelbar vor den Hoffassaden der weiteren Hallen errichtet. Durch die großen Toröffnungen in den Außenwänden der vorhandenen Gebäude entstand innerhalb des neuen Verbundes der Hallen ein zusammenhängender Innenraum. Die Hoffläche reduzierte sich auf Grund der Neubauten um etwa ein Drittel ihrer bisherigen Größe und bekam eine überschaubare, angenehme Dimension. Da die Fassaden der Bestandshallen verdeckt werden, wandelte sich auch die Gestalt des Hofes, er erhielt einen neuen Charakter.
Die sachliche Fassadengestaltung der neuen Wagenhalle verdeutlicht den Zweck und die Nutzung des Gebäudes als Werkstatt und Lagerhaus. Kassettenprofile mit vorgehängter, horizontaler Aluwelle bilden einen ruhigen Untergrund, auf dem sich rot gestrichene Lisenen abzeichnen, die den Rhythmus der inneren tragenden Struktur nach außen hin ablesbar machen. Zwei große Rolltore und die symmetrisch angeordneten Türen verdeutlichen eine geordnete Funktionalität, die sich auch in dem einfachen, oberhalb der Öffnungen durchlaufenden Lichtband zeigt.

Innenaufnahme der Wagenhalle während der Bauarbeiten

Das Museum

Ein Museum zu planen, ist für jeden Architekten eine besonders reizvolle Aufgabe. Das Spiel mit dem Raum, in dem die Exponate effektvoll in Szene gesetzt werden können, steht dabei im Vordergrund. Aber auch die geschickte und sinnvolle Ausrüstung des Gebäudes mit der notwendigen Technik macht die Herausforderung einer solchen Aufgabe aus. Da das Karnevalsmuseum in zwei bereits bestehenden und von ihren ursprünglichen Funktionen her sehr unterschiedlichen Gebäuden eingerichtet wurde, ergab sich das Spannungsmoment der Planungsaufgabe aus der Verknüpfung des Hallenraumes mit dem Raum der ehemaligen Büroetage. Trotz der immensen Differenzen der räumlichen Qualitäten der beiden Museumsbereiche sollte das gesamte Raumgefüge später von den Besuchern als Einheit empfunden werden. In Zusammenarbeit mit der Innenarchitektin Anne-Doris Fluck entstand das Konzept eines thematisch aufgebauten Rundweges, in dessen Verlauf der Besucher in alle Bereiche des Museums geführt wird. Mit geringem Aufwand und unter konsequenter Einhaltung des vorgegebenen Kostenrahmens beinhaltet dieses Konzept die interessante und ansprechende Verbindung der beiden Gebäude, die Installation der notwendigen Gebäudetechnik, die Berücksichtigung von Brandschutzmaßnahmen sowie die Neugestaltung der Fassade und des Haupteingangs.

Modell des Museumseingangs, der komplett neu gestaltet wurde

Das Museumsentree wurde in der Museumshalle eingerichtet. Zu diesem Zweck erfolgte die komplette Neugestaltung des Eingangsbereichs. Um die Zusammengehörigkeit der Gebäude zu verdeutlichen, wurde vor der Hoffassade der Halle eine rote, geputzte Wandscheibe errichtet, die die Höhe der benachbarten Wagenhalle aufnimmt und sich zur anderen Seite hin wie eine Kulissenwand in einer Theaterinszenierung über die Putzfassade des ehemaligen Bürogebäudes schiebt. In der Größe des bisher vorhandenen Schiebetors entstand eine Öffnung, die im Inneren einen gläsernen Windfang aufnehmen konnte. Der ehemalige

Haupteingang in das Bürogebäude wurde reduziert. Durch die Demontage des Vordachs und den Rückbau der Freitreppe wurde die Bedeutung des Eingangs gemindert. Eine Betonwandscheibe, die den Treppenaufgang und die bestehende Rampenanlage verbirgt, schiebt sich, ebenfalls als Teil des kulissenartigen Wandspiels, vor die dominante rote Eingangsscheibe. Es entsteht ein harmonisches Architekturensemble, hinter dem die Gebäude optisch miteinander verschmelzen.

Ein schlichtes, ebenfalls scheibenartiges Vordach stößt oberhalb des Windfangs aus der roten Fassade. Seine integrierten Spot-Leuchten weisen den Weg in das Innere des Gebäudes, wo sich das Vordach bis in das Foyer fortsetzt. Im Innenraum taucht das Thema der roten Wandscheibe noch einmal auf. Sie bildet den Abschluss der klar definierten Nutzungszone, die sich aus dem Windfang, einem Raum für die Garderobe und dem Kassenbereich mit der Kostümrückgabe zusammensetzt. Abgerückt von den Hallenwänden findet der Besucher in der roten Wand einen Schlitz mit eingearbeiteter Öffnung als Durchgang zum Garderobenbereich und auf der anderen Seite einen Einschnitt mit der Kassentheke.

Zwischen der Museumshalle und dem eigentlichen Museum besteht ein Niveauunterschied von fast anderthalb Metern. Aus diesem Grund kommt der Gebäudetrennwand eine neue, vermittelnde Funktion zu. Die regelmäßigen Fensteröffnungen der ehemals freistehenden Büroaußenwand wurden im Zuge des Anbaus der Halle zugemauert. Sie wurden bei der jetzt vorgenommenen Perforation berücksichtigt und teilweise in den Rhythmus einer neuen Abfolge von Öffnungen integriert. Im Foyerbereich und am Ende der Halle wurden zwei breite Treppenläufe in die Wanddurchbrüche eingehängt. Entsprechend dem Thema der übereinander greifenden Wände des Eingangs werden die Holzstufen der Treppen seitlich von körperhaften Betonscheiben gehalten. Eine weitere große Öffnung nimmt das Podest für eine Glasvitrine mit Exponaten auf. Durch die Vitrine hindurch und an ihr vorbei eröffnen sich für die Besucher interessante

Baudaten

Grundstücksgröße	8 563 m²
Bestandsgebäude EG BGF*	4 350 m²
davon Museumshalle BGF	630 m²
davon Museum BGF	810 m²
Bestandgebäude 1.OG BGF	1 350 m²
Bestandgebäude 2.OG BGF	810 m²
Neue Wagenhalle BGF	1300 m²
Sozialtrakt BGF	215 m²
Neubaumaßnahme BRI**	13 000 m³

Auftragsvergabe Wagenhalle und grundlegende Arbeiten in der Museumshalle und dem Museum 18.06.2003

Grundsteinlegung 29.07.2003

Fertigstellung Wagenhalle / Museumshalle 24.10.2003

Fertigstellung der grundlegenden Arbeiten im Museum 19.12.2003

Beginn der Ausgestaltung des Museums Anfang 2004

* Bruttogeschossfläche
** Bruttorauminhalt

Einblicke in den jeweils gegenüberliegenden Teil des Museums. Der im Museum vorhandene Aufzug erhielt einen zusätzlichen Wanddurchbruch in die Halle, und seine Doppeltürkabine verbindet nun den Museumskeller mit dem Hallengeschoss, dem Museum sowie allen Obergeschossen. Weitere, schmale Wandschlitze neben Aufzug und Treppen führen zu einer spielerischen optischen Verbindung der beiden Großräume.
Die Museumsebene im Bürogebäude blieb in ihrer Form als Raumkontinuum mit den kubischen Einbauten des Sanitärblocks, des Treppenhauses, des Aufzugs sowie der Freitreppe in das Obergeschoss erhalten. Die aufwendig genieteten Stahlstützen bestimmen den Charakter des Raumes. Um sie darüber hinaus zu betonen, wurden sie aufgearbeitet, neu gestrichen und durch den Einbau von Uplights als besondere, effektvolle Leuchtkörper in das Lichtkonzept mit einbezogen. Eine besondere Würdigung erfuhren auch die wertvollen Bleiglasfenster, die verschiedene Karnevalsszenen im Verlauf der Jahrhunderte dokumentieren. Eingelassen in eine neue Wandverkleidung, jeweils einem bestehenden Fensterflügel zugeordnet und dadurch natürlich hinterleuchtet, kommen die bunten Glasbilder gut zur Geltung. Zusätzliche, in die neue Gipskartonschale eingelassene dimmbare Leuchten illuminieren die Kunstwerke auch bei schlechten Lichtverhältnissen.

Die von der Innenarchitektin gestaltete Ausstellung ist das zentrale Element des Museums. Darüber hinaus dient die Halle auch als Raum für besondere Veranstaltungen. An der Kopfseite wurde für mögliche Aufführungen und Darbietungen eine leichte Tribünenkonstruktion errichtet. Zum Arrangement größerer Feste mit entsprechender Restauration stehen Cateringräume und eine Anlieferung zur Verfügung. Auch Events mit Inszenierungen und Präsentationen, die mit Filmen, Dias und Musik gestaltet werden, können in diesem multifunktionalen Gebäudeteil durchgeführt werden. Das Museum ist nicht nur Schauraum, sondern auch Aktionsfläche, Kommunikationsmedium, Veranstaltungsort und zentrale Anlaufstelle für alle Karnevalsbegeisterten auch außerhalb der fünften Jahreszeit.
Für die Medien- und Kulturstadt Köln mit ihrem großen und breit gefächerten Angebot an Museen stellt das neue Karnevalsmuseum eine weitere, interessante Bereicherung ihrer Ausstellungsszene dar.

Ausgearbeiteter Entwurf (visualisierte CAD-Zeichnung) der „goldenen Schatzkiste"

Das Exponat ist das Maß aller Planung

Das innenarchitektonische Konzept des neuen Museums

Anne-Doris Fluck

Im Dezember 2000 wurde das Innenarchitekturbüro Anne-Doris Fluck vom „Verein Heimatmuseum Köln e.V. – Großer Senat" mit der Erstellung eines Konzeptes zur Ausstellungsgestaltung des Karnevalsmuseums beauftragt. Der Bauherr stimmte dem Konzept der Ausstellungsarchitektur zu und der Landschaftsverband Rheinland entschied, den Museumsneubau finanziell zu unterstützen. Somit folgte eine Fortsetzung der Beauftragung mit der weiteren Detailplanung und der künstlerischen Gesamtleitung der Historischen Dauerausstellung durch die „Gemeinnützige Gesellschaft des Kölner Karnevals mbH".

Ein Museum mit klaren Linien

Um eine ansprechende, erlebbare und schlüssige Präsentation der Exponate zu erreichen, war es notwendig, eine gestalterische Struktur zu finden, da es sich in den meisten Bereichen um eine Vielfalt kleinteiliger Ausstellungsobjekte handelt. Auch erforderte die umfassende Sammlung an Orden, Lithografien, Originalfotos und Reprografien eine besondere Präsentationsform.
Besonders wichtig war es, der Fülle der Exponate einen klaren Duk-

Grundriss Historische Dauerausstellung in einer ersten Ideenskizze

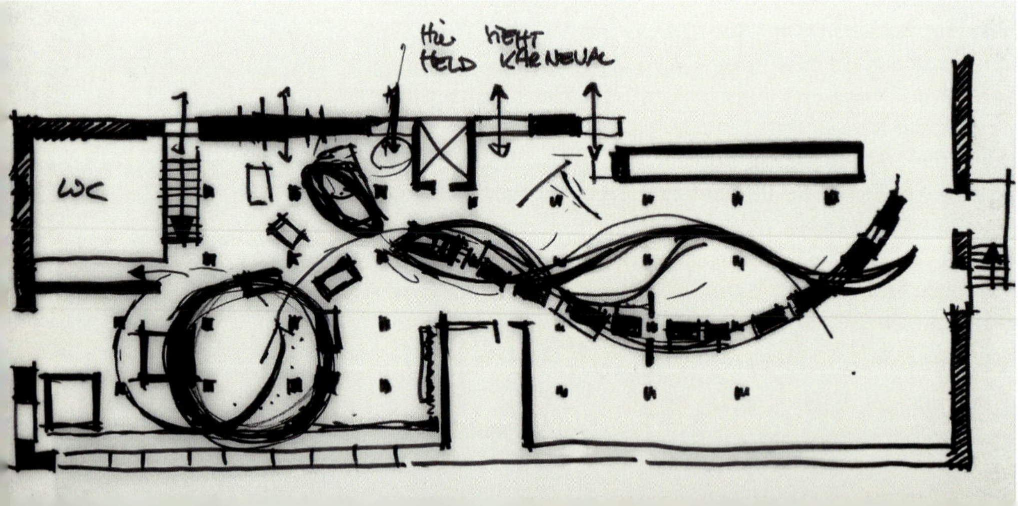

tus zu geben („Weniger ist mehr“) und ihre wissenschaftliche Aussage optisch herauszustellen. Die Zielsetzung war, einen so genannten „roten Faden“ zu finden und eine Ausstellungsarchitektur zu schaffen, die die Exponate völlig selbstverständlich wirken lässt: eine spannende, museal aussagekräftige, ästhetische Ausstellung mit klaren Linien.

Blick in die „goldene Schatzkiste“

Entwurfs- und Planungsarbeit

Ausgangspunkt der Planungsarbeit war das wissenschaftliche Museumskonzept des Museumsleiters Matthias von der Bank mit seinen inhaltlichen Vorgaben. Das Konzept legte die geschichtliche Abfolge fest und setzte inhaltliche Schwerpunkte. Ergänzt wurden die Vorgaben durch Listen mit Fotos, Maßen und historischen Beschreibungen der Exponate.

Es wurden sehr viele Objekte gesichtet, entsprechende Literatur ausgewertet und darüber hinaus viele Stunden den Museums- und Karnevalsexperten zugehört, um in das Ausstellungskonzept einzusteigen. Mit groben Konzeptskizzen begannen sich die theoretisch-thematischen Abläufe klarer darzustellen. Dann folgte eine Auseinandersetzung mit der bestehenden Architektur des Hauses am Maarweg, in die das Museum integriert werden sollte.

Aus den Grundideen und Handskizzen entwickelte sich ein schlüssiges Gesamtkonzept: Es umfasste die Historische Dauerausstellung im Erdgeschoss mit Anbindung an die benachbarte Eventhalle.

Grundriss Historische Dauerausstellung, maßstabsgetreu ausgearbeiteter Entwurf

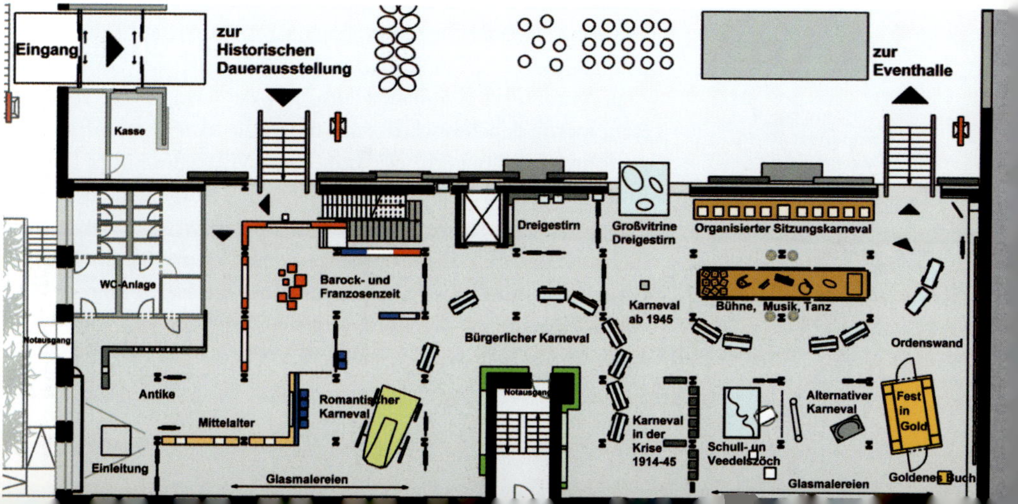

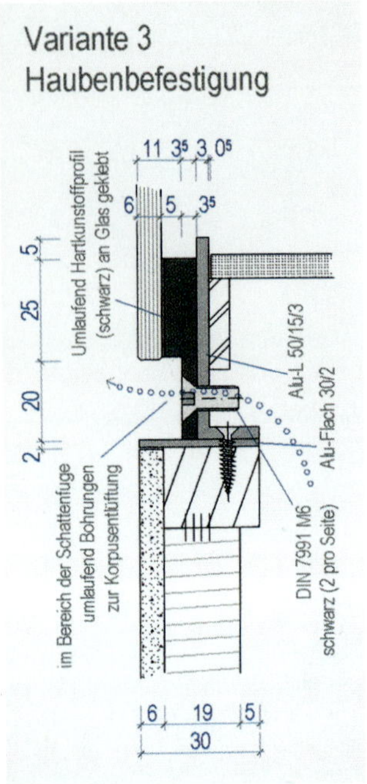

Detail einer Befestigung

Die detaillierte Ausarbeitung des Konzeptes der Historischen Dauerausstellung beinhaltete den Entwurf der Gesamtausstellung und die Planung aller Ausstellungseinheiten, Einbauten und Vitrinen bis hin zur letzten Detailzeichnung einer kleinen Objekthalterung. Etwa ein Dreivierteljahr lang fanden regelmäßige Gespräche mit Hans-Horst Engels, Dr. Max-Leo Schwering und dem Museumsleiter statt. Nach Entwurfsabstimmung wurde mit der Ausführungsplanung begonnen: Es wurden Detailzeichnungen für die beteiligten Handwerksunternehmen angefertigt, damit diese alle notwendigen Angaben für ihre Produktion/Herstellung hatten.

Darüber hinaus wurden technische Pläne entwickelt, die alle baulichen Anforderungen in der Architektur beschrieben, um die geplante Ausstellung zu realisieren: von Angaben über Wanddurchbrüche bis hin zur Position einzelner Steckdosen.

Ebenso wurden die Vorgaben für die grafischen Arbeiten von Text und Bild entwickelt sowie ein Konzept zur multimedialen Ausstattung entworfen.

Auf einer Ausstellungsfläche von ca. 720 qm sind nun der gesamte geschichtliche Ablauf sowie die Hintergründe des Karnevals in etwa 15 Abteilungen anschaulich dargestellt.

Entstehung und Entwicklung der Gestaltungskonzeption

Erster Schritt des Gestaltungskonzeptes war die Erarbeitung einer räumlichen Grundaufteilung der einzelnen historischen Themen und Epochen: Die zentralen Themen des Kölner Karnevals ab 1823, dem Gründungsjahr des Festkomitees und gleichzeitig Geburtsjahr des Rosenmontagszuges, waren der Entwurfsausgangspunkt zur Einteilung der Ausstellungsfläche. Grob entwickelt wurde eine Raumaufteilung mit der Idee, in der vorderen Raumpartie den Besucher exakt durch die historischen Epochen zu führen, beginnend bei Antike und Mittelalter, über Barock, Franzosenzeit, Romantischer Karneval und Bürgerlicher Karneval bis zur Krisenzeit 1914–1945.

Geländer und Handläufe begrenzen den Weg und bieten Platz für Betextung und grafische Abbildungen. Durch den hinteren Bereich des Raumes, der die Nachkriegszeit von 1945 bis heute zeigt, wird der Ausstellungsbesucher nicht mehr entlang eines vor-

gegebenen Weges geführt, sondern es entstanden einzelne, frei zugängliche Themeninseln.
Einige wenige Abteilungen werden mit leiser Hintergrundmusik bespielt, um die visuellen Eindrücke akustisch zu begleiten. Dadurch soll der Besucher zum längeren Verweilen eingeladen werden, ohne dass aber die Akustik ablenkt oder gar stört.

Integration in die bestehende Architektur

Die Ausstellungskonzeption der Historischen Abteilung entwickelte sich nicht nur aus den wissenschaftlichen Daten, entscheidend waren gleichzeitig die bestehenden räumlichen Strukturen einer Industriehalle.

Perspektivische Ideenskizze zur Abteilung Barock und Franzosenzeit

Der gesamte Raum des Erdgeschosses ist durch Stahlträgersäulen gegliedert, die jeweils Karrees von ca. 3 x 4 Meter bilden. Die lichte Raumhöhe beträgt ca. 3,80 Meter und die Decke ist mit Stahlunterzügen und Querverstrebungen versehen. Die bestehende räumliche Hülle verleiht dem Ausstellungsraum seinen loftartigen Industriecharakter. Die Stahlstützen und -träger bleiben als Konstruktionsraster sichtbar und werden sogar durch metallfarbene Lackierung und integrierte Allgemeinbeleuchtung betont. Decke und Außenwände sind weiß gestrichen, der Fußboden ist ein hochwertiger, speziell lasierter Estrich.

Stahlstütze mit integrierter Beleuchtung und beidseitig eingefügten Wandscheiben (hier: Abteilung Barock)

Rechtzeitig nach Vorlage des Gesamtkonzeptes und einzelner Abteilungsentwürfe des Innenarchitekturbüros begann eine enge Zusammenarbeit mit dem Architekturbüro Kottmair in Köln, welches für die Sanierung/Renovierung des architektonischen Bestandes des Museums verantwortlich zeichnet. So konnte bereits im Vorfeld die Instandsetzung der Architektur auf die Innenarchitektur abgestimmt werden.

Als markantes Element der Ausstellungsgestaltung wurden farbige Wände zwischen die bestehenden Stahlstützen des Gebäudes gebracht. Sie sind bewusst freistehend und mit Abstand zu den Stahlstützen eingebaut: So wirken die historischen Abteilungen leicht und selbstverständlich. Die Wände sollen mittels ihrer Farbe und Oberflächenstruktur erst einmal den Besucher auf die Epoche aufmerksam machen. Sie akzentuieren geschlossene historische Abteilungen.

Durch die Orientierung am Bestand wird der Industriecharakter der Räumlichkeiten nicht verbaut. Der Ausstellungsbesucher soll einen „Durchblick" zu den weiteren Abteilungen erhalten, ohne dass die aktuelle Abteilung, in der er sich gerade befindet, seine Aufmerksamkeit verliert. In die freistehenden Wände sind Glasvitrinen, Präsentationswände, Großdias und/oder Grafiken eingelassen.

Alle Ausstellungsbereiche haben ihre individuelle Aussage. Es wurden keine Epochenräume „nachgebaut", sondern Akzente durch kubische Formen, individuelle Oberflächen und verschiedene Farben gesetzt. Jeder Bereich der Ausstellungsfläche und jedes Detail sowie die Beleuchtung sind speziell entworfen und geplant.

Abteilung Krisenzeit 1914–1945: hohe Stelen mit rostigem Stahl beplankt und mit gestanzten Ausschnitten für Exponate wie Postkarten oder Zeitungsblätter

Die Beleuchtung

Wesentlich für die Wirkung einer Ausstellungsarchitektur ist die Lichtinszenierung. Dafür gibt es spezialisierte Lichtplaner, die Beleuchtungspläne entwickeln und Vorschläge für die technische Umsetzung machen.

Während der Ausführungsplanung der Innenarchitektur wurde das Büro Planquadrat Lichtarchitektur und Gestaltung aus Köln in den Prozess der Detailbearbeitung integriert. Gemeinsam wurden Beleuchtungspläne entwickelt, die der Gesamtkonzeption noch den entscheidenden „Schliff" gaben: Betont wird die Industriearchitektur durch die sichtbare Anbringung technischer Beleuchtung. Ein Stromschienensystem mit technisch wirkenden Strahlern wurde an der Unterseite der Decken-Stahlträger befestigt. Zusätzlich erhält der Ausstellungsraum eine indirekte Allgemeinbeleuchtung durch Einbauleuchten im Hohlbereich der Stahlstützen.

Abb. von links nach rechts: Rollvitrinen: erste Ideenskizze, ausgearbeiteter Entwurf (visualisierte CAD-Zeichnung), Ausführungsplanung im Maßstab 1:20 (verkleinert abgebildet), realisierte Vitrinen

Die Vitrinenausleuchtung ist zum großen Teil innerhalb der Ausstellungswände eingebaut. Sie ist von außen nicht sichtbar und exakt auf das jeweilige Exponat abgestimmt, so dass es „aus sich heraus" strahlt. Auf diese Weise setzt die Beleuchtung das Ausstellungsobjekt ganz natürlich in Szene. Zusätzlich gibt es beleuchtete rollende Vitrinen.

Rollende Vitrinen als symbolischer Wagenzug

Die Darstellungen des Karnevalsumzuges seit 1823 und die Vorgabe der multifunktionalen Nutzungsmöglichkeit des Erdgeschosses förderten die Idee der „rollenden Vitrinen".
Als so genannter „roter Faden" wurde bei der Ideenentwicklung eine Art Wagenzug entworfen, der sich in Form von rollenden Vitrinen durch die Ausstellung schlängelt. Alle Ausstellungsinhalte ab dem Jahre 1823 bis zur Gegenwart werden durch den Zug begleitet.
Wenn für Veranstaltungen zusätzlicher Platz im Museumsraum benötigt wird, können die Vitrinen weggefahren werden.
Die Vitrinen sind eine Konstruktion aus Ganzglasvitrinen auf Rä-

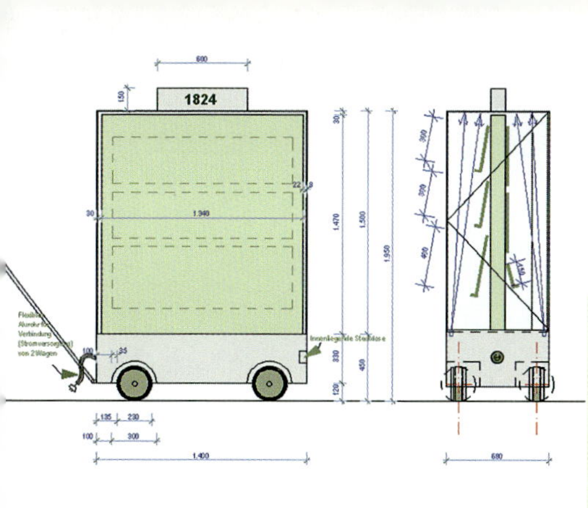

Frontansicht

Seitenansicht

dern. Räder und Korpus sind stahlverkleidet und im Unterbau sind notwendige Einzelklimatisierungen beziehungsweise Beleuchtung eingebaut. Zur allgemeinen Orientierung befinden sich Schilder mit Jahreszahlen auf dem Dach der Vitrinen. Innerhalb der Vitrinen dienen Wandscheiben als Präsentationswände und ermöglichen die Aufnahme von Regalen.

S. 106-109: Rundgang durch das Museum

Ausstellungsarchitektur und Künstlerische Gesamtleitung:
Anne-Doris Fluck, Innenarchitektin AKNW, Köln

Konzept, Entwurf, Planung, Gesamtleitung:
Dipl.-Ing. Anne-Doris Fluck, Köln
Mitarbeit Ausführungsplanung:
Dipl.-Ing. Christof Georgii

Beleuchtungsplanung:
Planungsbüro Planquadrat Lichtarchitektur + Gestaltung, Köln
Grafik:
Lange+Durach, Büro für Gestaltung, Köln
Multimediale Installationen:
Planungsbüro Mehrblick, Hören und Sehen, Köln

Rundgang durch das Museum

1. Antike und Mittelalter
Am Beginn der Ausstellung werden antike Objekte wie Masken, Öllampen und Vasen präsentiert.
Im Hintergrund sind hinterleuchtete Glasmalereien zu sehen.
Dann folgt die Abteilung Mittelalter: Grob verputzte und sandsteinfarbig lasierte Wandscheiben mit schmalen Vitrineneinschnitten vermitteln einen abstrahierten Anklang an mittelalterliche Architektur.

2. Barock und Franzosenzeit
Wandscheiben in rotem Stucco-Lustro (glatter, farblich strukturierter Hochglanzputz) und ein goldfarbener Kronleuchter assoziieren die prunkvolle Atmosphäre des Barockzeitalters. Im Mittelpunkt dieser Abteilung befinden sich von innen beleuchtete Stelenvitrinen mit Porzellanfiguren aus der „Commedia dell' Arte". Verschiedene Höhen und Breiten der Vitrinen symbolisieren Bewegung und Tanz.
Die Franzosenzeit wird durch eine halbhohe Wandscheibe in den französischen Nationalfarben dargestellt. Durch das Besteigen eines Podestes zwischen Barock und Franzosenzeit soll dem Besucher die emporgehobene „Olympische Gesellschaft" näher gebracht werden: Diese Gesellschaft des Bildungsbürgertums, benannt nach ihrem hoch gelegenen Lokal mit Blick auf den Rhein, dachte über neue Formen der Stadtkultur und des Kölner Karnevals nach.

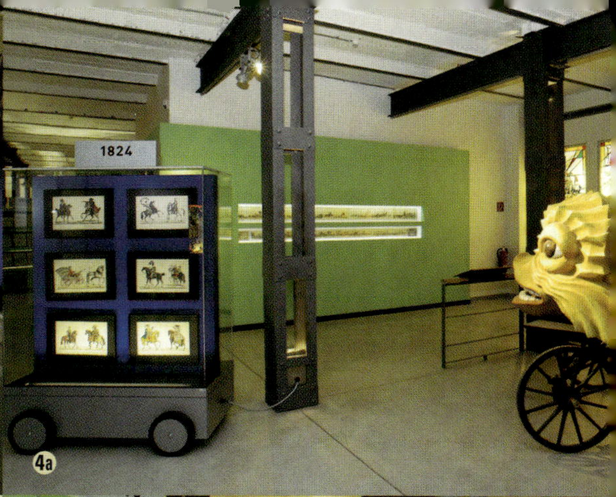

3. Romantischer Karneval
Mit dem Nachbau eines historischen Delphinwagens wird der Zug der „rollenden Vitrinen“ eröffnet, Symbol für die Organisation des Rosenmontagszuges. Sie beginnen ihre Fahrt im Jahr 1823 und ziehen sich bis in die heutige Zeit. Die farbliche Gestaltung der Innenwände der Vitrinen ist an die jeweiligen Farben der Abteilungen angepasst.

4a/4b. Bürgerlicher Karneval
Lindgrün lasierte Wandscheiben stehen mit ihrer Anmutung bürgerlicher Wohnräume stellvertretend für die bürgerliche Epoche seit Mitte des 19. Jahrhunderts und bilden als „Riesenpassepartout“ den Rahmen der wertvollen Exponate.
In den Ausschnitten werden hier bis zu 3,20 Meter lange Leporellos präsentiert. Die Lithografien sind dezent gerahmt, etwas zurückversetzt und werden durch eine im „Passepartout“ integrierte Spezialbeleuchtung betont.

5. Karneval in der Krisenzeit
Um der wechselvollen Geschichte in der Zeit vom Ersten Weltkrieg über den Nationalsozialismus bis hin zum Ende des Zweiten Weltkriegs einen angemessenen Rahmen zu geben, wurde eine nachdenklich stimmende Atmosphäre geschaffen: Hohe, freistehende Stelen erinnern an Mahnmale.

1

2

3

Themeninseln des Gegenwartskarnevals

In der Abteilung Nachkriegszeit ab dem Jahr 1945 wird die Gestaltung insgesamt etwas freier, die Ausstellung ist nach Themeninseln gegliedert. Die Farbgebung der räumlichen Einheiten wird heller, transparenter und leichter. Zudem werden mehrfach Medieninstallationen eingesetzt, auf die in der Zeitspanne bis 1945 bewusst verzichtet wurde.

4

1. Historische Entwicklung des Dreigestirns: Um den „festen“ Bezugspunkt in der Geschichte zu visualisieren, wurde der Abteilung eine gräuliche, steinartige Anmutung gegeben: Die vorgesetzten Vitrinenwände sind mit einem hellgrauen Spezialputz versehen.

2. Als Kernpunkt und Bindeglied zwischen Historie, organisiertem Sitzungskarneval und Straßenkarneval werden Prinz, Bauer und Jungfrau im Zentrum der Ausstellung inszeniert – in einem Glaskubus, der durch die Begrenzungswand des Erdgeschosses in die Eventhalle ragt.

3. Vor dem „Elferrat“ befindet sich ein Podest, das die Bühne symbolisiert. Die Oberfläche ist mit Parkettboden versehen. Auf der Bühne werden beispielsweise Musikgeräte, Liederhefte und Schallplatten präsentiert. Kopfhörer sind greifbar und animieren den Besucher zum Musikhören und Schunkeln.

4. Mit elf überdimensionierten Stühlen wird der „organisierte Sitzungskarneval“ symbolisch dargestellt. Glasvitrinen für die Präsentation von Schriften oder Orden bilden die Sitzflächen der Stühle. In den Rückenlehnen sind Grafiken und Monitore eingebracht. An der Wand dahinter befindet sich eine Collage von Karnevalsmützen, die stellvertretend für die Karnevalsvereine stehen.

5. Die Breite und Vielfalt des Volkskarnevals in den Stadtteilen zeigt eine beleuchtete Bodenvitrine: Auf einer begehbaren Karte von Köln unter Glas sind über fünfzig Stadtteile markiert, in denen selbstständige Umzüge veranstaltet werden. Die Details der einzelnen Schull- un Veedelszöch kann der Besucher per Touchscreen am Computer abrufen.

6. Alternativer Karneval: Die Stunksitzung stellte für die Ausstellung ein Teil ihres Bühnenbildes zur Verfügung, welches hier als Ausschnitt zu sehen ist. Als Darstellung der Rosa Sitzung dient die „Butt-Bütt“.

7. Eine „goldene Schatzkiste“ steht symbolisch für das Fest in Gold. In Anlehnung an die Improvisationen in der Nachkriegszeit ist die Oberfläche aus goldfarbener, grober Spanplatte: Von weitem als goldene Kiste wahrgenommen, erscheint sie aus der Nähe aufgrund ihrer Außenhaut irritierend schlicht. Die im Inneren ausgestellten Orden sind kleine Meisterwerke der Goldschmiedekunst. Besonders betont werden die Ausstellungsstücke durch die schwarze Innenverkleidung und eine spezielle Ausleuchtung.

Fastnachts- und Karnevalsmuseen in Deutschland und Europa

Werner Mezger

Die berühmtesten Karnevalsgestalten der Wallonie in Belgien sind die „Gilles" mit ihren riesigen Straußenfederhüten. Es gibt sie nicht nur in Binche, sondern auch, wie hier zu sehen, in Frameries.

Fastnacht, Fasching und Karneval in einem Museum ausstellen zu wollen, scheint auf den ersten Blick ein paradoxes Unterfangen zu sein. Schließlich bestehen, so könnte man einwenden, die närrischen Tage primär aus Aktionen. Sie sind voller Leben – im Museum hingegen wird alles Vitale planmäßig stillgelegt, keimfrei gemacht und mumifiziert. In der Tat ist dieses Argument bis zu einem gewissen Grad richtig. Handlungen von Menschen lassen sich nicht musealisieren, ebenso wenig ihre Empfindungen und schon gar nicht ihre Fröhlichkeit.

Gegen die Museumsidee als solche spricht das jedoch keineswegs. Was sich nämlich sehr wohl ausstellen lässt, ist das, was die Wissenschaftler die „materiellen Objektivationen" von Fastnacht, Fasching und Karneval nennen. Es sind die Dinge, mit denen Karnevalisten und Fastnachter umgehen, ihre Masken, Kostüme und Requisiten, an denen sie hängen, die Symbole, die ihnen etwas bedeuten, und nicht zuletzt die künstlerischen Produkte ihrer Fantasie. Diese Hervorbringungen sind es allemal wert, nicht in Vergessenheit zu geraten, sondern über den Tag hinaus aufbewahrt und späteren Generationen gezeigt zu werden.

Dass es seit den 1960er Jahren eine europaweite Tendenz zur Musealisierung fastnächtlicher und karnevalistischer Traditionen gibt, ist offensichtlich. Die Gründe dafür sind vielfältig. Kulturkritisch könnte man hinter dem Trend Versuche der Selbstvergewisserung in einer zunehmend unübersichtlicher werdenden Welt vermuten. Am nächstliegenden aber ist wohl der Wunsch der Museumsinitiatoren, ein Brauchgeschehen, das auf wenige Tage und Stunden im Jahr begrenzt ist, zumindest mit einigen typischen Exponaten für Interessierte, nicht zuletzt für Touristen, ganzjährig zugänglich zu machen. Ganz sicher aber resultiert die Musealisierungswelle auch aus einem wachsenden Traditionsbewusstsein und dem zunehmenden Wissen um die Bedeutung von Festen und Bräuchen als Teil des europäischen Kulturerbes. Im Folgenden soll ein kurzer Überblick über die wichtigsten einschlägigen Sammlungen und Ausstellungen in Europa gegeben werden.

Das Musée International du Carnaval et du Masque in Binche/Belgien, untergebracht im ehemaligen Augustinerkolleg der Stadt, bietet einen breiten Einblick in fastnächtliche und andere Maskenbräuche innerhalb und außerhalb Europas.

Karnevalsmuseen außerhalb des deutschsprachigen Raums

Musée International du Carnaval et du Masque
rue de Saint Moustier 10, B-7130 Binche

Das umfassendste Museum, das Fastnacht, Fasching, Karneval und andere Maskenbräuche innerhalb Europas und über Europa hinaus kulturvergleichend dokumentiert, befindet sich in Binche in Belgien. Die kleine Stadt in der Wallonie, auf halbem Weg zwischen Mons und Charleroi gelegen, hat eine große Karnevalstradition, in deren Mittelpunkt die berühmten Maskenfiguren der „Gilles" stehen. Diese ebenso exotisch wirkenden wie wandlungsfähigen Gestalten – sie tragen während des Brauchablaufs zunächst Wachsmasken und treten später unmaskiert mit gigantischen Straußenfederhüten auf – übten auf Volkskundler und Ethnologen schon früh eine magische Anziehungskraft aus. Als daher in Binche nach dem Ersten Weltkrieg ein Stadtmuseum entstand, gab es dort auch bereits einen Raum zur lokalen Folklore, in dem Karnevalsplakate, Fastnachtsrequisiten und nicht zuletzt ein Gille-Kostüm aus dem 19. Jahrhundert gezeigt wurden. Der Zeitpunkt der Museumsinitiative als Ausdruck der Rückversicherung in der eigenen Historie und im örtlichen Karnevalsbrauch war zu Beginn der 1920er Jahre, noch unter dem Eindruck des Überfalls der Deutschen auf Belgien, gewiss nicht zufällig.
1949, unmittelbar nach dem Zweiten Weltkrieg und wiederum nach Jahren der Fremdherrschaft, publizierte der angesehene Ken-

Ein überregional bekannter Karnevalsort in Norditalien ist Schignano. Zu den dortigen Traditionsgestalten gehört der „Sapeur", der ohne Maske, aber mit geschwärztem Gesicht und wild gezwirbeltem, künstlichem Bart auftritt.

ner nordfranzösischer, belgischer und niederländischer Folklore Samuel Glotz unter dem Titel „Le Carnaval de Binche" die erste Monographie über die Fastnacht in dem wallonischen Städtchen. Aufsehen erregte Glotz mit der Herleitung der Figur des Gille von einem höfischen Fest des Jahres 1549, das anlässlich des Besuches des Infanten von Spanien, Philipp II., bei seiner Tante Maria von Ungarn, der Schwester von Karl V., in Binche stattgefunden hatte. Dort seien, so seine kühne Behauptung, die ersten Gilles aufgetreten, und zwar als Imitation der Inkas, die über die spanischen Kolonien vereinzelt an den habsburgischen Hof gekommen waren. Die moderne Forschung steht diesem Deutungskonstrukt zu Recht skeptisch gegenüber. Gleichwohl hat es in der Einwohnerschaft von Binche die Wertschätzung der heimischen Folklore nachhaltig gesteigert und den Traditionsfiguren der Gilles einen enormen Prestigegewinn verschafft. Ohne diese legendäre Erklärung hätte Binche seinen überregionalen und internationalen Ruf als Hochburg eines ganz besonderen, habsburgisch geadelten, mehrhundertjährigen Karnevals nie erreicht. Und ohne den exotischen Ursprungsmythos der Gilles wäre es wohl auch nie zum heutigen internationalen Museum gekommen.

Die Einrichtung eines örtlichen Spezialmuseums, das allein dem Karneval der Gilles gewidmet sein sollte, hatte bereits der Volkskundler Albert Marinus angeregt, der von Samuel Glotz um ein Vorwort zu seinem Büchlein gebeten worden war. Ein engagierter Bürgermeister von Binche nahm diese Idee in den 1950er Jahren auf und fand damit offene Ohren bei der Commission royale belge de folklore, insbesondere bei deren Präsidenten Joseph Roland. Der wiederum konnte dank seiner guten Kontakte nach Brüssel hohe staatliche Stellen für den Plan interessieren, die dann ihrerseits allerdings noch einen Schritt weiter gingen und statt eines lokalen Karnevalsmuseums gleich die Schaffung eines Regionalmuseums empfahlen, das den Karneval der gesamten Wallonie im Kontext europäischer Traditionen darstellen sollte. Durch diese Rückendeckung ermuntert, nahm die Stadt Binche Kontakte mit verschiedenen Orten der näheren und weiteren Umgebung auf, die als Schauplätze bedeutender Folkloreereignisse einen Namen hatten: mit Malmédy, Stavelot, Fosse-la-Ville aufgrund ihres Karnevals, mit Mons und Ath wegen ihrer Riesengestalten und mit anderen mehr. 1962 kam es dann in Binche unter Mithilfe des Tou-

rismusverbands zu einer ersten Ausstellung: „La carnaval traditionnel en Wallonie".
Ins gleiche Jahr fiel das 25-jährige Jubiläum der Königlich-Belgischen Kommission für Volkskunde. Diese nahm das Ausstellungsereignis zum Anlass, um in Binche gemeinsam mit der Confédération européenne de folklore ein großes wissenschaftliches Symposium zu veranstalten, das Forscher aus zahlreichen Ländern nach Binche brachte. Von da ab nahm die Museumsidee, die bei den Symposiumsteilnehmern durchweg auf hohes Interesse gestoßen war, internationale Dimensionen an. Nach und nach wurden Objekte zusammengetragen, die den Gebrauch von Masken in den populären Traditionen Europas, aber auch in anderen Kontinenten dokumentierten. Deponiert wurden die Stücke bereits in dem als Sitz des künftigen Museums vorgesehenen Gebäude, nämlich in den freien Räumen des ehemaligen Augustinerkollegs von Binche.
1970 gab es in Binche erneut eine Ausstellung, die im Unterschied zur lediglich regional angelegten Pilotveranstaltung von 1962 schon umfassender konzipiert war: „Le Masque et la Carnaval dans le Monde". Parallel dazu schritt die Realisierung des Museumsprojekts zielstrebig voran, befördert durch einen engen Schulterschluss zwischen dem belgischen Wissenschafts- und Kulturministerium, der Provinz und der Stadt Binche. Als schließlich der belgische Staat 1975 unter der Schirmherrschaft von König Baudouin in Kooperation mit dem Europarat und der UNESCO unter dem Titel „Aspects de la vie populaire en Europe" drei große Landesausstellungen über europäische Traditionen veranstaltete, wurde eine davon nach Binche dirigiert: „Le Masque dans la tradition européenne". An diesem Ereignis, zu

Wie in vielen alpinen Maskenbräuchen, in denen schöne und hässliche Gestalten („Schiane und Schiache") nebeneinander agieren, gibt es auch in Schignano die „Belli e Brutti". Zu ihren Requisiten gehört unter anderem ein Stuhl, den sie mit sich tragen, um darauf Platz zu nehmen und zu posieren.

Der bekannteste Fastnachtsort in Slowenien ist Mohacs. Die dort übliche Maskengestalt des „Kurent", eine Figur in üppiger Fellverkleidung, gibt es aber auch in Markovci (Foto).

dem auch ein umfangreicher, von Samuel Glotz herausgegebener Begleitband erschien, waren nicht weniger als zwei Dutzend europäische Länder beteiligt. Eine derart breite Plattform für ethnographische Vergleiche in der Maskenkultur – das Ganze war nur möglich geworden dank diplomatischer Kontakte auf hoher politischer Ebene – hatte es vorher noch nie gegeben.

Abschluss und Höhepunkt der Landesausstellung von 1975 war schließlich die Eröffnung des neuen „Musée International du Carnaval et du Masque". Aufgrund geschickter Vorverhandlungen der Brüsseler Koordinatoren forderten nämlich am Ende der Ausstellung viele der beteiligten Länder ihre Exponate nicht mehr aus Binche zurück, sondern überließen sie dem in Gründung befindlichen Museum, das dadurch zusammen mit seinen bereits gesammelten Objekten endgültig über einen europaweit einmaligen Fundus an Masken, Kostümen und Brauchrequisiten verfügte. Die Bandbreite und Qualität der auch in den Folgejahren noch ständig erweiterten Kollektion erlauben es dem Museum heute, seine Besucher auf umfassende Weise über die wichtigsten Karnevals- und außerfastnächtlichen Maskentraditionen in Europa, aber auch über Formen und Gebrauchsweisen von Masken in anderen Regionen der Welt zu informieren. Die räumlichen Voraussetzungen, die das alte Augustinerkolleg hierfür bietet, sind ideal: Im Erdgeschoss befinden sich ein Vortragssaal mit modernen medialen Präsentationsmöglichkeiten, ein Konferenzraum für wissenschaftliche Veranstaltungen und der Bereich für Wechselausstellungen. Im ersten und zweiten Geschoss ist auf über 2 000 Quadratmetern Fläche die permanente Ausstellung untergebracht. Die dritte Etage beherbergt neben den Büros der Verwaltung ein Dokumentationszentrum und einen Lesesaal, und die restlichen Räumlichkeiten bis unters Dach dienen als Magazine und Museumswerkstätten.

Die Dauerausstellung ist in folgende Themenkreise gegliedert:
1. Die Maske in den nichteuropäischen Traditionen. Hier werden Stücke aus Afrika, Amerika, Ozeanien und Asien gezeigt.
2. Feste der winterlichen Zeit und die großen Fastnachten in Europa. Bei den Winterfesten werden die wichtigsten Brauchtermine von November bis Februar dargestellt, etwa Martini (11.11.), Luzia (13.12.), Weihnachten (25.12.), Dreikönig (6.1.) oder Lichtmess (2.2.). Der Bogen der großen Fastnachten spannt sich von Galizien (Spanien) über das Aostatal (Italien), das Bas-

kenland (Spanien), Bulgarien, Skyros (Griechenland), Österreich, den schwäbisch-alemannischen Raum bis hin nach Venedig. Die letzte Abteilung bilden schließlich 3. Der Karneval von Binche und die Fastnachten der Wallonie.

Da die Fülle der vom Museum gesammelten Objekte inzwischen zu groß ist, um alle Stücke dauerhaft zu zeigen, hat sich in der Ausstellungspraxis mit der Zeit eine Art gemäßigtes Rotationsprinzip entwickelt. Dieses dynamische Konzept wird den Beständen gerecht und steigert zudem die Attraktivität. Der wichtigste Besuchermagnet aber sind die Wechselausstellungen, die Samuel Glotz als erster Museumsdirektor mit großem Engagement organisierte, um sein Haus auch über die Eröffnungsphase hinaus im Gespräch zu halten. Sie vertiefen jeweils einzelne Bereiche der Dauerausstellung: „Le Masque en Amérique latine" (1976), „Le Masque dans la Roumanie traditionelle" (1977), „La Tradition carnavalesque bâloise" (1979), „Le Masque en Inde et en Asie" (1980). 1981 zog sich Samuel Glotz von der Direktion des Museums zurück. Ihm folgte der nicht minder rührige Michel Revelard, der die Tradition der Ausstellungen fortführte. Eine der meist beachteten war 1990 „Fêtes d'hiver et mascarades".

Dass eine Einrichtung wie das „Musée International du Carnaval et du Masque" in Binche nur funktionieren kann, wenn sie über die städtische Trägerschaft hinaus entschiedene Förderung durch staatliche Stellen erfährt, versteht sich von selbst. Die Nähe Brüssels als Hauptstadt Belgiens und als Drehscheibe der europäischen Integration bot hier beste Voraussetzungen. Brüsseler Diplomatie erleichterte die Herstellung internationaler Kontakte, insbesondere auch mit Weltorganisationen wie der UNESCO. So kam es denn auch nicht von ungefähr, dass der Karneval der „Gilles" im Jahr 2004

Teils von der italienischen Commedia dell'Arte, teils von französischen Einflüssen geprägt sind die Fastnachtsbräuche im Aostatal, wie hier in Etroubles/Italien.

Die größte und bekannteste Fasnacht in Tirol ist das nur alle vier Jahre stattfindende Schemenlaufen in Imst/Österreich. Zu den Imster Traditionsgestalten gehört das Figurenpaar von „Laggescheller" (links) und „Laggeroller" (rechts), die Karikatur zweier alternder Eheleute.

von der UNESCO obendrein zu einem der „Masterpieces of the Intangible Heritage of Humanity" proklamiert wurde. Analog zu ihrem Programm „Weltkulturerbe", das sich auf materielle Kultur- und Naturgüter bezieht, verabschiedete die UNESCO nämlich 2004 eine Konvention zum Schutz wichtiger Zeugnisse des immateriellen Kulturerbes der Menschheit, wozu unter anderem herausragende Feste, Bräuche und Traditionen gehören. Durch seine Aufnahme in die Liste der „Masterpieces" erhielt der Karneval von Binche gewissermaßen Weltgeltung – ein Glanz, der zweifellos auch auf das dortige Museum strahlt.

Ein gesamteuropäisch angelegtes und sogar außereuropäische Kulturen einbeziehendes Karnevals- beziehungsweise Maskenmuseum wie in Binche gibt es in Europa kein zweites Mal. Lediglich auf Sardinien existiert mit dem Museo delle Maschere Mediterranee in Mamoiada noch eine Sammlung, die ebenfalls Internationalität anstrebt und sich zum Ziel gesetzt hat, die Maskentraditionen des Mittelmeerraumes darzustellen. Ausgangspunkt dieser Einrichtung war ähnlich wie in Binche der örtliche Karneval, der in Mamoiada von den Tierverkleidungen der „Mamuthones" und „Issohadores" bestimmt wird. Deren Maskierungen bilden auch den Kern der Ausstellung. Hinzu kommen die Traditionsvermummungen weiterer sardischer Karnevalsorte, etwa die „Boes" und „Merdules" von Ottana oder die „Thurpos" von Orotelli. Und schließlich öffnet sich der Blick in entferntere Maskenregionen mit Exponaten von der griechischen Insel Skyros, aus dem italienischen Fassatal, aus Slowenien, Kroatien und Bulgarien. So ergibt die kleine, aber feine Sammlung in Mamoiada zwar kein flächendeckendes Bild, dennoch zeigt sie interessante Zusammenhänge mediterraner Folklore.
Bei allen anderen Spezialmuseen zur Karnevalskultur außerhalb des deutschen Sprachraums handelt es sich durchweg um Präsentationen lokaler Folklore. Sie einzeln aufzuzählen, würde den Um-

fang dieses Beitrags sprengen. Generell lässt sich jedoch sagen, dass – möglicherweise als Antwort auf die zunehmende Globalisierung – inzwischen nahezu sämtliche bekannteren Fastnachts- und Karnevalszentren ihre diesbezüglichen Traditionen auch in irgendeiner Form museal dokumentieren.

Fastnachtsmuseen im deutschsprachigen Raum

Im deutschsprachigen Raum waren es zunächst die großen volkskundlichen und kulturhistorischen Museen, die Masken, Verkleidungen und andere Utensilien aus fastnächtlichen beziehungsweise winterlichen Bräuchen vorwiegend des alemannischen, bayerischen und tirolischen Raums sammelten. Bedeutende Kollektionen einschlägiger Objekte besitzen etwa die Abteilung Volkskunst des Germanischen Nationalmuseums in Nürnberg, das Tiroler Volkskunstmuseum in Innsbruck, das Rietbergmuseum in Zürich, das Museum der Kulturen in Basel, in dem das vormalige Volkskundemuseum aufgegangen ist, und das Museum Carolino Augusteum in Salzburg. Ab den 1960er Jahren gab es dann vor allem in Süddeutschland vermehrt Bestrebungen, spezielle Museen zur Darstellung und kulturgeschichtlichen Würdigung fastnächtlicher Bräuche zu schaffen.

Deutsches Fastnachtsmuseum
Falterturm, D-97318 Kitzingen

Die Vorreiterrolle in der Musealisierungsbewegung spielte das Deutsche Fastnachtsmuseum in Kitzingen in Unterfranken. Nachdem beim Fränkischen Narrentag 1959, einem Treffen der wichtigsten Karnevals- und Fastnachtsvereine Frankens, die enorme Vielfalt fastnächtlicher Traditionen der Region sichtbar geworden war, reifte der Gedanke, diesen kulturellen Reichtum in einem Museum zu zeigen. Als Vater der Idee darf Hans-Joachim Schumacher gelten, einer der Narrentagsorganisatoren, der auch gleich eine geeignete Räumlichkeit ins Gespräch brachte: den Falterturm, ein Wahrzeichen der unterfränkischen Stadt Kitzingen, dessen schiefe Helmhaube – so Schumacher – ohnedies an eine „überdimensionale Narrenkappe“ erinnerte. Die kommunalpolitische

Das Deutsche Fastnachtsmuseum in Kitzingen (Erweiterungsbau)

Das Deutsche Fastnachtsmuseum in Kitzingen präsentiert im historischen Falterturm die Fastnacht als Volksbrauch (Abb. rechts) und im 2002 eröffneten Erweiterungsbau den Karneval in seiner Bedeutung als Teil der Festkultur (Abb. links)

Überzeugungsarbeit führte rasch zum Erfolg. 1961 stimmte der Stadtrat von Kitzingen dem Museumsplan zu, wobei zunächst nur an eine Darstellung der fränkischen Fastnacht gedacht war. Dieses regionale Konzept wurde jedoch schnell hinfällig, weil es dem Initiator gelang, über den Fastnachtsverband Franken hinaus den Bund Deutscher Karneval (BDK) für das Projekt zu interessieren.

Der BDK, nach einem von den Nationalsozialisten diktierten Vorspiel von 1937 zunächst wieder aufgelöst und 1953 unter demokratischen Voraussetzungen neu gegründet, ist mit Sitz in Köln der größte Interessenverband der Fastnacht in Deutschland, dem heute etwa 4 800 Vereine angehören. Auf Betreiben Hans-Joachim Schumachers hielt der BDK seine Präsidialtagung 1963 in Kitzingen ab und beschloss dort tatsächlich, den Falterturm als überregionales „Deutsches Fastnachtsmuseum" auszugestalten. Bereits drei Jahre später fand die Eröffnung statt, und die neue Einrichtung wurde sogar zum offiziellen Zentralmuseum des BDK erklärt.

Die Ausstellungskonzeption folgte den baulichen Vorgaben und setzte den Gedanken um, auf sieben Turmgeschossen in aufsteigender Linie die Entwicklungsgeschichte der Fastnacht zu zeigen: im Erdgeschoss zunächst die Grundlagen in Form von vegetationsgebundenen ländlichen Bräuchen, daraus erwachsend die bäuerliche Fastnacht im christlichen Jahreslauf mit Heischegängen

und Straßenspielen, dann die Entstehung von Maskierung und Verkleidung, weiter die urbane Zunftfastnacht des Spätmittelalters, hauptsächlich dargestellt am Beispiel Nürnberg, schließlich der höfische Karneval des 16. bis 18. Jahrhunderts und endlich der bürgerlich-romantische Karneval des 19. und 20. Jahrhunderts bis hin zu den modernen Ausformungen von Fastnacht, Fasching und Karneval. Aufgrund ständig neu hinzukommender Ausstellungsobjekte entstand mit der Zeit ein Raumproblem, so dass in den 1990er Jahren von der Stadt Kitzingen noch ein weiteres historisches Gebäude erworben wurde, dessen Eröffnung 2002 stattfand. Seither wird im Falterturm die Fastnacht als Volksbrauch dargestellt, während es im Erweiterungsbau vorwiegend um den Karneval in seiner Bedeutung als Teil der Festkultur geht.

Außer dem Deutschen Fastnachtsmuseum befindet sich in Kitzingen seit 1984 auch noch das Zentralarchiv des BDK. Für seine Unterbringung wurde ein zweiter historischer Turm, der Marktturm, mit einer Raumkapazität von elf Stockwerken saniert. Die Sammlung umfasst schriftliche, bildliche und gegenständliche Zeugnisse aller 4 800 Fastnachts- und Karnevalsvereine, die im BDK organisiert sind. Hinzu kommt eine ständig sich erweiternde Dokumentationszentrale der Fastnachtsbräuche in Europa. Da die Bestände hervorragend aufbereitet und in wesentlichen Teilen auch bereits digital erschlossen sind, bietet sich hier ein enormes Forschungsfeld für die Wissenschaft.

Eine Fastnachtslandschaft mit alter Maskentradition ist das Altmühltal in Bayern, wo der Oberbegriff für die Narrenfiguren „Fasenickel“ heißt. Eine Spielform des „Fasenickels“ ist der „Scheck“ aus Töging.

Fasnachtsmuseum Schloss Langenstein

Schloss Langenstein, D-78253 Eigeltingen

Das Vorbild Kitzingen machte Schule und führte insbesondere im Bereich der schwäbisch-alemannischen Fastnacht dazu, dass dort ebenfalls Museumsprojekte vorangetrieben wurden. Als erster Dachverband von Fastnachtsvereinen und -zünften im deutschen Südwesten wurde die 1959 gegründete Narrenvereinigung Hegau-Bodensee aktiv. Deren Präsidiumsmitglieder, unter ihnen der Kreisarchivar von Konstanz und der Stadtarchivar von Singen am Hohentwiel, hatten schon früh den Kontakt zur Forschung gesucht und standen in den 1960er Jahren in regem Austausch mit einer Gruppe von Volkskundlern der Universität Tübingen unter Leitung von Hermann Bausinger, die sich den Phänomenen Fastnacht, Fasching und Karneval mit neuen Fragestellungen näherten. Bausinger interessierten nicht mehr die Spekulationen um mögliche vorchristliche Ursprünge der Fastnacht, wie sie von der älteren Volkskunde stets behauptet worden waren, sondern er zog es vor, erstmals mit konsequent kulturanalytischen und sozialwissenschaftlichen Methoden die Gegenwart des Festkomplexes zu untersuchen. Dabei ging es um die modernen Funktionen des Feierns, um Intentionen und Motivationen der Teilnehmer, um Akzeptanz und Ablehnung, um Fragen der Brauchsteuerung, um den Gegensatz von Gelenktheit und Spontaneität, das Verhältnis von Tradition und Wandel und vieles andere mehr. Die Ergebnisse der Tübinger Forschungen schlugen sich in mehreren Publikationen nieder, die viel Beachtung fanden. Vor dem Hintergrund

Das Fasnachtsmuseum Schloss Langenstein dokumentiert vorwiegend Maskengestalten des Hegau-Bodenseegebiets (Abb. oben), aber auch andere Bräuche, bei denen Masken getragen werden. Untergebracht ist es in dem imposanten Schlosskomplex der Grafen Douglas (Abb. unten).

solch gänzlich neuer Zugänge zum Thema Fastnacht konkretisierte sich bei den Vordenkern der Narrenvereinigung Hegau-Bodensee schließlich der Plan eines Museums.

Was dessen Unterbringung betraf, so bahnte sich ein Glücksfall an: Dank guter Kontakte zur gräflichen Familie Douglas, den Eignern des Schlosses Langenstein bei Eigeltingen, gelang es, den Chef des Hauses für das Museumsprojekt zu gewinnen. Dieser stellte große Teile des Schlosses zur Verfügung und erweiterte angesichts einer wachsenden Zahl von Exponaten sein Angebot im Lauf der Zeit noch beträchtlich. So werden heute in elf Räumen auf insgesamt 1 000 Quadratmetern Ausstellungsfläche zahlreiche Aspekte fastnächtlicher Traditionen und anderer Maskenbräuche gezeigt. Den Kern bilden 300 Narrenfiguren mit Häs (Narrenkleid) und Larve (Maske) aus dem westlichen Bodenseegebiet, aus dem Hegau und Linzgau. Didaktisch gerahmt wird dieser Bestand durch kulturhistorische Vertiefungen und Kontextualisierungen, etwa durch einen Extraraum zur Entwicklung der mittelalterlichen Narrenidee, eine Schau alpenländischer Maskenbräuche, eine Darstellung des Einflusses karnevalistischer Elemente auf die schwäbisch-alemannische Fasnet, wie sie seit der Kölner Karnevalsreform von 1823 gerade im 19. Jahrhundert für Südwestdeutschland absolut stilprägend waren, und eine Sammlung wertvoller historischer Masken, so genannter „Schemen“, aus Villingen. Hinzu kommen in unregelmäßigen Abständen Wechselausstellungen, zum Beispiel über die Basler Fasnacht, über alpine Vermummungen und anderes mehr.

Eine Hochburg der schwäbisch-alemannischen Fasnet ist Villingen. Zu den originellsten Narrengestalten gehört dort der „Wuescht“, der seine „Scheme“ (Maske) nicht vor dem Gesicht trägt, sondern sie mit der Hand seitlich vom Gesicht weg hält und seine bemalten, leinenen Pluderhosen prall mit Stroh ausstopft.

Narrenfiguren aus Fridingen an der Donau im Fastnachtsmuseum Narrenschopf in Bad Dürrheim

Fastnachtsmuseum Narrenschopf
Luisenstraße, D-78073 Bad Dürrheim

Dass die relativ junge Narrenvereinigung Hegau-Bodensee ein Museum vorzuweisen hatte, setzte wiederum die älteste in Deutschland existierende Interessengemeinschaft fastnächtlicher Traditionen in Zugzwang, nämlich die Vereinigung schwäbisch-alemannischer Narrenzünfte (VSAN). Sie hatte sich bereits 1924 formiert, als in den politisch unruhigen Jahren nach dem Ersten Weltkrieg von der badischen und württembergischen Regierung in Karlsruhe und Stuttgart wiederholt alles fastnächtliche Treiben durch Generalverbote untersagt worden war. Nach der erfolgreichen Abwehr des politischen Drucks wandte sich die VSAN dann vorwiegend brauchpflegerischen Aufgaben zu. Heute gehören ihr 70 Narrenzünfte des schwäbisch-alemannischen Raums an, darunter auch einige aus der Schweiz. Der Plan eines Zentralmuseums der VSAN geht im Wesentlichen auf deren kulturellen Mentor in den 1960er und 1970er Jahren, auf Wilhelm Kutter zurück. Er hatte den Gedanken schon früh ins Gespräch gebracht, fand aber wirkliche Unterstützung aus den Zünften dafür erst, als das Museum in Langenstein Gestalt annahm.

Die Wahl des Standortes Bad Dürrheim, etwa auf halbem Weg der Strecke von Stuttgart an den Bodensee, hing wesentlich damit zusammen, dass es dort eine originelle Baulichkeit mit zunächst unklarem Verwendungszweck gab. 1970 waren nämlich von der Verwaltung des Kurstädtchens zwei imposante hölzerne Kuppelbauten angekauft worden, die aus den Jahren 1825–27 stammten und ursprünglich als Solebehälter einer Saline im etwa 30 Kilometer entfernten Rottweil gedient hatten. Bad Dürrheim ließ die markanten Zeugnisse früher Industriearchitektur zerlegen und brachte sie ins eigene Kurgebiet.

Die eindrucksvolle Anlage des Fastnachtsmuseums Narrenschopf, Zentralmuseum der Vereinigung schwäbisch-alemannischer Narrenzünfte, ist errichtet aus ehemaligen Solebehältern einer Saline.

Nach Unterzeichnung der notwendigen Verträge ging die VSAN zügig ans Werk und konnte bereits im Mai 1973 den ersten Solebehälter als Fastnachtsmuseum einweihen. Auf rund 500 Quadratmetern Ausstellungsfläche und auf zwei Ebenen wurden darin dicht gedrängt gut 300 Narrenfiguren aus den Vereinigungszünften präsentiert. Um Vollständigkeit zu erlangen, reichte der Raum jedoch nicht aus. Erst als zehn Jahre später der daneben errichtete zweite historische Kuppelbau eröffnet werden konnte, wurde es möglich, die Ausstellung zu entzerren und mit 400 Figuren sämtliche Narrentypen der 70 VSAN-Zünfte zu zeigen. Gegliedert ist die Schau nach der von Wilhelm Kutter vorgeschlagenen Einteilung der schwäbisch-alemannischen Fastnacht in acht Landschaften: Baar, Schwarzwald, Hegau, Donau, Hochrhein, Bodensee-Linzgau-Schweiz, Neckar-Alb und Oberschwaben. Aufgrund dieser Systematik in der Anordnung der Exponate lassen sich Gemeinsamkeiten und Unterschiede zwischen den Maskenfiguren der einzelnen Regionen gut beobachten.

1994 wurde schließlich eine dritte Kuppel hinzugefügt – kein Original mehr, sondern eine Nachbildung –, die als Raum für Sonderausstellungen dient und deren Untergeschoss zudem das Zentralarchiv der schwäbisch-alemannischen Fastnacht beherbergt. Zu den bemerkenswertesten Veranstaltungen in Bad Dürrheim gehörte übrigens 2004/05 die Ausstellung „Die großen Fasnachten Tirols", ein Gesamtüberblick über die wichtigsten Maskenfiguren von Nordtirol bis ins südtirolische Etsch- und Fassatal. Was der ständigen Figurenschau in Bad Dürrheim fehlt, sind ergänzende Informationen zur Kulturgeschichte der Fastnacht analog etwa zu Kitzingen oder Langenstein. In den kommenden Jahren soll daher eine grundlegende Neukonzeption der Ausstellung unter museumsdidaktischen Aspekten erfolgen. Was freilich den Bestand an Masken und Figuren als solchen betrifft, so ist der Narrenschopf das umfassendste Museum seiner Art in Deutschland, das zudem sämtliche „Klassiker" der schwäbisch-alemannischen Fastnacht zeigt, wie sie inzwischen auch durch eine verstärkte Medienwahrnehmung weit über Südwestdeutschland hinaus bekannt sind.

Abb. ganz oben: Die „Narronen" von Laufenburg am Hochrhein sind international. Seit Napoleon gehört der linksrheinische Teil der Stadt zur Schweiz und der rechtsrheinische zu Deutschland. Beide Stadtteile haben aber eine gemeinsame Narrenzunft.

Abb. oben: Die wohl bekanntesten Fastnachtsfiguren des Schwarzwalds sind die „Schuttig" von Elzach mit ihren dämonischen Masken und den Schneckenhäusern auf ihren Dreispitzhüten.

Oberrheinische Narrenschau
Alte Schulstraße 20, D-79314 Kenzingen

Die Oberrheinische Narrenschau ist in einem historischen Gebäude der Stadt Kenzingen, nahe dem Kaiserstuhl, untergebracht und zeigt Fastnachtsfiguren von Basel bis in die Gegend von Offenburg.

Um den anderen nicht nachzustehen, entschloss sich endlich auch die zweitälteste der großen Narrenvereinigungen in Südwestdeutschland, der 1937 gegründete Verband Oberrheinischer Narrenzünfte (VON), zur Einrichtung eines zentralen Museums. Es wurde 1976 eröffnet, erhielt den Namen „Oberrheinische Narrenschau" und befindet sich in einem historischen Gebäude der Stadt Kenzingen, nahe dem Kaiserstuhl. Ausgestellt sind auf vier Etagen rund 300 Maskenfiguren aus rund 80 Fasnetsorten des Oberrheingebiets vom Dreiländereck bis zur Ortenau. Der Rundgang folgt ähnlich wie in Bad Dürrheim den einzelnen Fastnachtslandschaften des Verbandes, die in dessen Sprachregelung „Vogteien" heißen. Großen Wert legt das Kenzinger Museum darauf, jedem Raum eine Anmutung der Landschaft zu geben, die er repräsentiert. Auf diese Weise erscheinen die gezeigten Figuren nicht als isolierte Schaustücke, sondern begegnen dem Betrachter in dem für sie jeweils typischen Ambiente. Eine zusätzliche Präsentation der Basler Fasnacht öffnet schließlich noch den Blick über das Verbandsgebiet des VON hinaus und veranschaulicht die Zusammengehörigkeit der Brauchlandschaften im Dreiländereck.

Die beherrschende Figur der Fasnacht von Imst in Tirol ist der „Scheller" mit männlich bärtiger Larve, einem rot-weißen „Stecken", an dem Brezeln aufgespießt sind, und einem fantastischen, spiegelgeschmückten Kopfputz aus Glitzerwerk, der in seiner Form einer Bischofsmitra ähnelt.

Das Haus der Fasnacht in Imst/Tirol, untergebracht in einem historischen Gebäude, stellt mit seiner modernen Konzeption und Innengestaltung ein besonders gelungenes Beispiel eines städtischen Fastnachtsmuseums dar.

Kaum überschaubar ist inzwischen die Zahl der lokalen Fastnachtsmuseen im Süden des deutschsprachigen Raums. Es gibt heute praktisch kaum noch einen Ort mit bedeutenderer Fastnachtstradition, der diese nicht in einer speziellen Abteilung des kommunalen Museums beziehungsweise in einer eigenen Zunft- oder Narrenstube ganzjährig ausstellt. Das gilt für Villingen, Rottweil, Gengenbach oder Schömberg genauso wie für viele andere Fastnachtshochburgen. Eine lokale Schau von überregionaler Bedeutung sollte freilich noch besonders erwähnt werden. Es ist das Haus der Fasnacht in Imst/Tirol, das mit modernster Museumstechnik sowohl die historische Entwicklung als auch die gegenwärtige Dynamik des nur alle vier Jahre stattfindenden Imster Schemenlaufens zeigt. Aufgrund ihrer Vorbildlichkeit wurde diese Einrichtung der Stadtgemeinde Imst im Jahr 2003 sogar mit dem Tiroler Museumspreis ausgezeichnet.
Warum der Trend zur musealen Darstellung bedeutender Fastnachtstraditionen, wie er südlich der Mainlinie seit den 1960er Jahren zu beobachten ist, die Hochburgen des rheinischen Karnevals lange nicht erfasst hat, wäre einmal gesondert zu untersuchen. Jedenfalls gab es im Rheinland entsprechende Bestrebungen erst seit den 1990er Jahren, und dies gleich in mehreren Städten. Dass in der Projektrealisierung freilich Köln den Anfang machte und als erste der rheinischen Metropolen ein eigenes großes Karnevalsmuseum schuf, hat durchaus seine innere Logik: Es entspricht der Pionierrolle Kölns von 1823 und der enormen Prägekraft, die der kölsche Fasteleer nicht nur für die Domstadt, sondern weit über deren Grenzen hinaus entwickelt hat.

Anmerkung
Die im Beitrag uneinheitliche Schreibweise „Fastnacht“ und „Fasnacht“ nimmt Rücksicht auf regionale Gepflogenheiten: Während die standardsprachlich korrekte Form „Fastnacht“ heißt, wird in Teilen des schwäbisch-alemannischen Raums, vor allem aber in Basel und in Tirol, größter Wert auf die dialektale Schreibweise „Fasnacht“ gelegt.

Der Kölner Karneval und seine Entwicklung bis 1945

Michael Euler-Schmidt

Erste Quellen und Nachrichten

Im städtischen Eidbuch vom 5. März 1341 wird der Kölner Karneval im Zusammenhang mit der Aufhebung städtischer Zuschüsse zu Veranstaltungen zum ersten Mal erwähnt. Im Jahre 1403 verbietet der Kölner Rat das Maskieren und Verkleiden an Fastnacht. Diese frühen Verbote belegen für das 14. und 15. Jahrhundert ein ausgeprägtes karnevalistisches Treiben in Köln. Im 16. Jahrhundert schildert der Kölner Bürger Hermann Weinsberg groß angelegte Festessen mit Freunden von Dreikönige bis Aschermittwoch.
Nachricht haben wir auch von dem so genannten „Bellengeck“, der am Donnerstag vor den eigentlichen Fastnachtstagen durch die Straßen zog und den Beginn der tollen Tage ankündigte. Der eigentliche Straßenkarneval wurde an den Fastnachtstagen von Sonntag bis Dienstag vor Aschermittwoch in der freien Reichsstadt Köln von den Gesellen getragen, die in kleinen Gruppen, im kölnischen Dialekt „Banden“ genannt, durch die Straßen zogen und mit Liedern und Reimen um Gaben bettelten.

Anfang des 17. Jahrhunderts verstärkten der zunehmende Einfluss der Jesuiten und die Gegenreformation die fastnachtsfeindliche Stimmung, und der Kölner Rat verbot 1601 jede Art von Vermummung. Andererseits pflegten die Jesuiten ihren eigenen Karneval und es ist die Anweisung überliefert, dass das Kollegium fröhlich, aber ohne Ausschreitung feiern sollte. Auch zog der bei den Jesuiten gewählte „König Karneval“ in einem Wagen umher. Im Verlauf des 18. Jahrhunderts entdeckte die vornehmere Gesellschaft die Redoute (Maskenball) und auch den Korso nach italienischem Vorbild. Der Korso war somit ein Vorläufer des späteren Rosenmontagszuges, und schon damals bewarf man die Zuschauer mit Erbsen und kleinen Gipsdragees. Alle anderen Kölner Bürger, die sich die vornehmen Redouten nicht leisten konnten, feierten zumeist unverkleidet in den Wirtshäusern der Stadt.

Als die französischen Revolutionstruppen Ende 1794 in Köln einmarschierten, verboten sie 1795 zunächst den Karneval. Aber schon 1799 wurden die Maskenbälle wieder erlaubt, und es gab auch immer wieder kleinere Züge zu Beginn des 19. Jahrhunderts (1801, 1806). Deutlich wurde damals in Bezug auf den rheinischen Karneval eine französische Politik, die den Karneval nicht „ordnen", aber „steuern" wollte. Dies bewirkte in Köln in bestimmten bürgerlichen Kreisen eine Rückbesinnung auf typisch kölnische Werte, die neben der Pflege des Brauchtums auch die Fastnachtslustbarkeiten betraf.

Die „Olympische Gesellschaft zu Köln", ein elitärer Männerbund, feierte die Fastnacht mit Gedichten und kleinen Theaterstücken. Die vornehmen Redoutengesellschaften, bestehend aus angesehenen Kaufleuten, Juristen und Offizieren der französischen Besatzungsmacht, organisierten ihre Maskenbälle zur Fastnachtzeit als gesellschaftliches Ereignis. Der Mittelstand – nur er war noch in der Lage, die unter französischer Besatzung eingeführten Abgaben für die Maskierung zu bezahlen – organisierte viele kleine Züge, die schon Thema und Programm hatten. All diese Aktivitäten ließen in Ansätzen bereits Struktur und Charakter der späteren Karnevalsgesellschaften, Maskenbälle und Maskenzüge erkennen.

Abb. links:
„Der alte Clevische Hanswurst", Kupferstich von 1827

Mittelalterliche Narrenszene vom Kaminfries des Kölner Gürzenich, um 1440

Die Reform von 1823

Auslöser dafür, dass der Kölner Karneval ab 1822/23 seine bis heute gültigen Grundstrukturen fand, war, dass der preußische Staat 1821 eine Verordnung erlies, die die Aufhebung aller Abgaben auf öffentliche Lustbarkeiten zum Inhalt hatte. Diese Abgaben hatte es schon unter französischer Herrschaft gegeben, und sie waren die Finanzgrundlage der Kölner Armenverwaltung gewesen. Die Armenverwaltung war für die besser gestellten Kölner Bürger eine Institution, durch die sie sich in Form von Wohltätigkeit positiv darstellen konnten. Durch die nun fehlenden Einnahmen aus den Lustbarkeitsabgaben war die Versorgung der Krankenhäuser, Waisenhäuser und anderer Anstalten gefährdet. Um diese missliche Lage zu lösen, bot Heinrich von Wittgenstein, der spätere erste Sprecher des Festordnenden Comités, den preußischen Behörden einen Handel an: Man würde den bislang ungestüm sich auf den Straßen entfaltenden Karneval in geregelte Bahnen lenken, wenn im Gegenzug die für die Armenverwaltung (und das Ansehen der Bürger) so schädliche Verordnung zurückgenommen würde. Als am 29. Januar 1823 die Lustbarkeitsabgaben wieder zugelassen wurden, war klar, dass die Kölner Bürger im Gegenzug einen geordneten Karneval präsentieren würden.

„Hofnarr des Königs Carneval", Köln 1823, aquarellierte Zeichnung, vermutlich von H. Goffart und W. Goebels

Matthias Joseph De Noël (1782–1849), Selbstbildnis, um 1820, Öl auf Holz

Der Romantische Kölner Karneval

Die Männer, die Heinrich von Wittgenstein um sich geschart hatte, waren hochgebildete Personen aus dem Kölner Bürgertum, aus Kunst, Politik und Wirtschaft. Inhaltlich vertraten unter anderen Matthias Joseph De Noël, Emanuel Zanoli, Simon von Oppenheim oder der erste Literat des Festordnenden Comités, Christian Samuel Schier, den Geist der Romantik. Die Rückbesinnung auf die kölnische Vergangenheit, die Verschmelzung kölnischer Traditionswerte mit der europäischen Kultur waren das Credo für diesen intellektuellen Kreis. Andererseits orientierte man sich auch an den schon existierenden Narrengesellschaften von Cleve und Dülken. Der „Windmühlen-Orden" von Dülken und die Diplome (Urkunden) hatten Vorbildfunktion auch für den Kölner Karneval. Die ersten Festordner waren aber auch geschickt genug, den Karneval zu nutzen, um den – unter Preußen verloren gegangenen –

eigenen politischen Einfluss in der Stadt vorsichtig wieder zu verstärken. So schuf man sich mit dem „Festordnenden Comité“ und vor allem mit der „Generalversammlung“ ab 1824 Gremien, die man „im Scherz“ mit einem „Reichstage“ verglich. Mit historischen Themen und Personen des Zuges erschien einmal im Jahr den Kölnern auch Bekanntes aus freier reichsstädtischer Zeit, im nun geordneten Rahmen mit romantischer Attitüde.
Neben kölnischen bzw. reichsstädtischen Elementen, wie den ehemaligen Kölner Stadtsoldaten (ab 1823), den Helligen Knäächten und Mägden (ab 1823), dem König Karneval (ab 1823), der kölnischen Jungfrau (ab 1823) und dem Kölner Bauer (ab 1825) suchten die Festordner früh auch die Verbindung zu anderen, über Köln hinaus relevanten Themen.

Maskenzug von 1824, Lithografie von H. Goffart und W. Goebels

Der Kaufmann Peter Leven, der 1836 der zweite Präsident des Festordnenden Comités wurde, stand in seiner Zeit noch als verbindender Faktor in dem sich abzeichnenden Spaltungsprozess im Kölner Karneval. Um 1840 erschien vieles dann nicht mehr zeitgemäß. Der Kölner Mittelstand drängte immer mehr in den Karneval hinein und bestimmte die Meinung auf den Generalversammlungen.

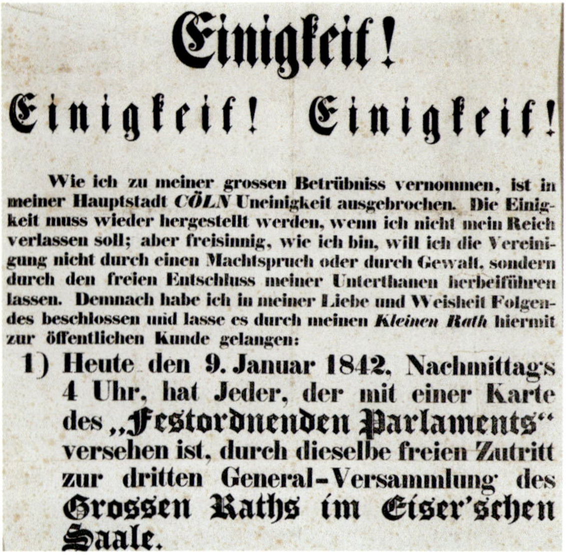

Einigkeit!

Einigkeit! Einigkeit!

Wie ich zu meiner grossen Betrübniss vernommen, ist in meiner Hauptstadt *CÖLN* Uneinigkeit ausgebrochen. Die Einigkeit muss wieder hergestellt werden, wenn ich nicht mein Reich verlassen soll; aber freisinnig, wie ich bin, will ich die Vereinigung nicht durch einen Machtspruch oder durch Gewalt, sondern durch den freien Entschluss meiner Unterthanen herbeiführen lassen. Demnach habe ich in meiner Liebe und Weisheit Folgendes beschlossen und lasse es durch meinen *Kleinen Rath* hiermit zur öffentlichen Kunde gelangen:

1) Heute den 9. Januar 1842, Nachmittags 4 Uhr, hat Jeder, der mit einer Karte des „Festordnenden Parlaments" versehen ist, durch dieselbe freien Zutritt zur dritten General-Versammlung des Grossen Raths im Eiser'schen Saale.

Plakatanschlag der Karnevalsgesellschaft „Eisenritter" von 1842

Revolutionärer Geist und politische Reaktion

Der Mittelstand verlangte um 1840 nach sozialer und politischer Satire, die leicht verständlich war. Eigentlich aber begann die innere Auseinandersetzung bei den festgeordneten Narren schon sehr viel früher. Die Erfindung der Kölner Narren-Einheitskappe von 1827 ist das Resultat der schon ab 1826 vorherrschenden Spannungen zwischen den „Alten" und „Neuen" Narren. Mit der Kappe sollte, ausgehend vom preußischen Selbstverständnis, das sich in der uniformierten Einheitlichkeit ausdrückte, Ruhe und Ordnung wieder hergestellt werden. Erfunden wurde sie vom preußischen Generalmajor Baron von Czettritz und Neuhaus.

Der lange andauernde Streit zwischen den „Alten" und „Neuen" Kölner Karnevalisten gipfelte 1844 in der Gründung einer zweiten Karnevalsgesellschaft mit dem Namen „Eisenritter". Die alte Gesellschaft unter Peter Leven nannte sich daraufhin „Hanswurstliches Parlament". Wenig später wurden diese beiden Gesellschaften wiederum umbenannt. Die „Eisenritter" nannten sich nun die „Jüngere Gesellschaft" oder die „Allgemeine Karnevalsgesellschaft", und das „Hanswurstliche Parlament" nannte sich die „Ältere Karnevalsgesellschaft" oder die „Große Karnevalsgesellschaft". Die Mitglieder des alten Vereins wurden als „Aristokraten" und die Angehörigen des neuen als „Demokraten" bezeichnet. Leiter der neuen Gesellschaft war Franz Raveaux (1810–1851). Dessen rasch ansteigende Popularität wird aber erst mit Blick auf die Zeitumstände verständlich.

Köln und seine Menschen hatten sich in den 40er Jahren des 19. Jahrhunderts verändert. So platzte die Stadt zu jener Zeit aus allen Nähten. Die Einwohnerzahl war innerhalb von 30 Jahren von 49 000 auf knapp 90 000 gestiegen. Dreimal wütete in diesen Jahren die Cholera, und es herrschte Mangel an Arbeit. Köln hatte sich zu einer der größten rheinischen Militärfestungen entwickelt. Die Universität war dagegen nach Bonn vergeben worden, das Verwaltungszentrum des Oberpräsidiums war in Koblenz und die Kunstakademie in Düsseldorf angesiedelt. Das beginnende Zeitalter der Industrialisierung war auch in Köln deutlich spürbar. Grundstückspekulationen in Kölner Randlagen entlang der Stadtmauer machten nicht nur Franz Raveaux und viele andere reich, sie verdrängten auch die letzten Wein- und Gemüsebauern aus der Stadt. Es war die Zeit der Händler und Fabrikanten, die rasch zu Vermögen kamen.

Raveaux' erste Amtshandlung als Vorsitzender der „Allgemeinen Karnevalsgesellschaft" war die Herabsetzung des Mitgliedsbeitrags von bisher drei auf einen Taler. Das hatte zur Folge, dass der Gesellschaft die Mitglieder in Scharen zuliefen, und die „Große" 1845 fast drei Viertel ihrer Mitglieder an die „Allgemeine" verlor. Politische Kritik und Satire war bei der „Allgemeinen" gang und gäbe, und preußische Beamte wurden ganz offen verhöhnt und als „dumm" bezeichnet, während gleichzeitig Hoffnungen auf ein baldiges Einrücken der Franzosen geäußert wurden.

Deutlich wird, dass die „Allgemeine" mit ihrem Präsidenten Raveaux in jenen politisch brisanten Jahren die Voraussetzung dafür schuf, dass in den Büttenreden und in den Maskenzügen die politische Satire ihren festen Platz bekam. Dadurch wurden ganz neue Besuchergruppen angezogen: Schon 1841 kamen wenigstens 4 000 Menschen, darunter mehr als zwei Drittel der Bonner Studenten und Professoren, mit Post- und Privatwagen, auf Schiffen und zu Fuß zum Karneval nach Köln. Der Karneval war zur eigentlichen Bühne der politischen Opposition geworden.

Doch mit dem Scheitern der Revolution von 1848/49 musste Ra-

„Rechnungs-Ablage – Zu wohltätigen Zwecken". Karikatur auf das Festkomitee, Lithografie von 1847

„Zur Karnevalsmütze im Jahre 1859", Tuschezeichnungen, teilweise koloriert, von 1859

veaux ins Ausland flüchten. Später wurde er aufgrund seiner politischen Aktivitäten in Abwesenheit zum Tode verurteilt.
Die politische Reaktion nach der gescheiterten Revolution brachte eine starke Kontrolle aller Gesellschaftsbereiche mit sich. Im Zeitraum von 1853–1857 wird deutlich, dass die von Berlin ausgehende restriktive Politik gegenüber dem Kölner Karneval ihre Wirkung nicht verfehlte: Es fanden nur noch wenige Maskenzüge statt, und wenn, dann ohne gemeinsame Idee. Offensichtlich gab es unter den Kölner Karnevalisten in diesen Jahren keine Geschlossenheit. Zwar entstanden bis 1857 31 Karnevalsgesellschaften, diese handelten jedoch meist nach eigenem Gutdünken. Es fehlte an einem starken „Festordnenden Comité" und leitenden Persönlichkeiten wie es von Wittgenstein, Leven und auch Raveaux gewesen waren. Hinzu kam, dass die industrielle und technische Revolution allmählich immer sichtbarer wurde.
Der Kölner Karneval fand erst im Jahre 1865 wieder einen neuen starken Vertreter in seinen Reihen. Damals wählte man August Wilke zum Präsidenten der „Großen Karnevalsgesellschaft".

Karneval mit Preußens Gloria

Spätestens seit 1866/67, mit der Gründung des Norddeutschen Bundes, vollzog der Kölner Karneval eine klare Wendung: Aus dem früheren Bewusstsein, von Preußen erobert zu sein, entstand eine Begeisterung für die nationale Einigungsbewegung unter der Führung Preußens. Auslöser dieses allgemeinen Stimmungswandels im Rheinland war die Angst der Bevölkerung vor der Bedrohung durch Frankreich: Napoleon III. hatte Mitte der 1860er Jahre die Rheinprovinz als Ausgleich für die preußische Hegemonialpolitik beansprucht. So war man in Köln nun bereit, sich mit der preußischen Herrschaft anzufreunden. Diese Stimmung fand auch ihren Niederschlag im Rosenmontagszug. So finden wir im Zug 1867 bei den Kölnischen Funken das damals neue „Zündnadelgeschoss" und das neueste System eines „Hinterladungsgeschosses, welches allerdings an eine große Wurst erinnerte .... Die Rosse mit feurig schnaubenden Nüstern und ausgreifenden Füßen waren der Quadriga auf dem Brandenburgertor nachgebildet."
Doch die ganze Pracht der Züge konnte die eigentlichen Sorgen der Kölner Bürger nur kurzfristig verdrängen. Der französisch-

preußische Konflikt spitzte sich immer mehr zu und mündete schließlich im Deutsch-Französischen Krieg (1870–1871). Gemeinsam war nun allen Deutschen und Rheinländern die Auffassung, dass es galt, zusammen mit Preußen den Erzfeind im Westen zu besiegen. Die Jahre um 1873, dem 50. Jubiläumsjahr des Kölner Karnevals, standen ganz im Zeichen des Sieges über Frankreich. Ein Karnevalist, der etwas auf sich hielt, liebte sein Vaterland und verehrte seinen Kaiser: Aus dem romantischen Karneval und dem Karneval des Protestes war ein staatstragendes Ereignis geworden. Nach der Reichsgründung 1871 erfüllte der Kölner Maskenzug nun auch die Aufgabe eines historischen Festzugs, der die patriotische Volksstimmung zu einem einheitlichen Nationalgefühl bündelte. Durch die Darstellung von „deutscher" Geschichte und deren Propagierung wurde eine nationale Begriffswelt geschaffen, die vor allem das Bürgertum in eine selbstbewusste Rolle als Träger des Staates finden ließ. Die Karnevalisten nutzten nun auch verstärkt die Mithilfe der Künstler aus Köln und Düsseldorf, um die erdachten Bilder umzusetzen.

Eintrittskarte zum Montagsball im Kölner Gürzenich, 1831

In den Jahren nach 1872 wurde aus dem „König, Held, Hanswurst" im Sinne Preußens der „Prinz Karneval". Auch der programmatische Aufbau der Sitzungen wurde immer deutlicher. Der Typenredner tauchte damals erstmals im Kölner Karneval auf. Es

„Aus dem Kölner Carneval: Der Hanswurstwagen im Festzug 1872", Druck nach einer Zeichnung von Otto Fikentscher

„Der Rosenmontagszug für das Jahr 1897" (Entwurf), Aquarell von Bernhard Giffels, um 1897

war der Maler und Fotograf Maria Heinrich Hoster (1835–1890), der im Jahre 1873 zum ersten Mal als „Antun Meis" in die Bütt stieg. Vergleicht man die Geschichte der Stadt mit der des Kölner Karnevals in jenen Jahren, dann ist auffällig, dass sich in beiden Bereichen ähnliche Entwicklungen vollzogen. So erwarb die Stadt 1881 vom preußischen Militärfiskus die Festungsanlagen, beseitigte diese dann und begann mit der Bebauung der Neustadt. Auch im Kölner Karneval gab es „Erweiterungen". So hatten sich bereits 1869/70 die „Kölnischen Funken" in die „Kölnische Funkeninfanterie" und die „Funkenartillerie" gespalten. Eine ganze Reihe von Karnevalsvereinen wurde gegründet, und bei der „Großen Karnevalsgesellschaft" stand eine wichtige Veränderung an: Der populäre Präsident August Wilke war nach der Session von 1881 von seinem Amt zurückgetreten. Damit löste er eine innere Krise im Kölner Karneval aus.

Die Auseinandersetzungen um das Festordnende Comité

„Die Große" suchte rasch nach einer Persönlichkeit, die die Gesellschaft weiterführen sollte. Die Wahl fiel auf Fritz Hönig. Doch der gerade ausgeschiedene August Wilke gründete schon im Herbst 1882 eine neue Gesellschaft mit Namen „Kölner Karnevalsgesellschaft". Hönig ließ sich jedoch nicht auf ein persönliches Duell mit Wilke ein. Er trat zurück. Wilke dagegen nahm nun für seine Gesellschaft ganz selbstbewusst den Namen „Große Kölner Karnevalsgesellschaft" an. Diese beiden großen Gesellschaften bestimmten in den folgenden Jahren mit ihren Rivalitäten das Geschehen im Kölner Karneval. Vor allem war es zwischen ihnen zum Kampf um das „Festordnende Comité" und damit um die Vorherrschaft im Kölner Karneval gekommen. Bis dato hatte nämlich seit 1823 die „Große Karnevalsgesellschaft" das „Comité" gestellt. Der Rat der Stadt Köln machte diesem Streit dann endlich ein Ende, gemeinsam mit Fritz Hönig, der von allen Parteien als vermittelnde Person akzeptiert wurde. Ab dem Jahre 1889 besetzten die beiden großen Gesellschaften das Festkomitee gemeinsam.
Nach Bildungsbürgertum (um 1823) und zu Wohlstand gekommenem Kleinbürgertum (Mitte des 19. Jahrhunderts) sollte es nun zum Ende des Jahrhunderts das Kölner Großbürgertum sein, das den Karneval bestimmte.

„Der Rosenmontagszug vom Jahre 1902" (Entwurf), Aquarell von J. Passavanti, 1901

Im Zeichen des historisierenden Nationalismus

Der Stolz der Kölner auf ihre eigene Geschichte prägte sich in jenen Jahren des historisierenden Nationalismus deutlich aus. Der Anspruch der Inszenierung des Rosenmontagszugs als historischer Festzug warf die Frage auf, wie dieses neue Geschichtsbewusstsein für die breite Masse zu veranschaulichen war. Obwohl es schon seit 1824 Darstellungen zum Kölner Maskenzug gegeben hatte, nutzte das Festkomitee nun verstärkt die Verbreitungsmöglichkeit über das bebilderte Leporello. Parallel dazu wurde für eine ausführliche Vor- und Nachbetrachtung des Festes in Zeitungen und Illustrierten gesorgt. Der Kölner Karneval wurde in jener Zeit zu einem medialen Ereignis. Er war das Volksfest, in dem Politik, Kunst und Wirtschaft sich widerspiegelten und einmal im Jahr die Ereignisse der Vergangenheit und Gegenwart inszeniert wurden.

Sitzung der Großen Kölner Karnevalsgesellschaft 1892 im Saal der Lese (Lesegesellschaft) auf der Langgasse

Auf den Sitzungen neigte man, um der „Vergnügungssucht“ der Bevölkerung Rechnung zu tragen, im gesprochenen Wort zu „Zoten“. Auch auf der Straße herrschte wieder ein eher ungeordnetes, zügelloses Treiben. Peter Prior, der 1894 Präsident der „Großen Karnevalsgesellschaft“ wurde, sorgte mit seinem Leitspruch „Von Zoten frei die Narretei“ für ein wichtiges Umdenken.

Um die Jahrhundertwende brachen die Bälle auf dem Gürzenich und auch die Rosenmontagszüge immer wieder neue Besucherrekorde. 1902 zählte man alleine auf dem Neumarkt über 10 000 Menschen, die aus Fenstern und von den Dächern den Zug sehen wollten. Immer neue Karnevalsgesellschaften gründeten sich. Darunter waren unter anderem die „EhrenGarde der Stadt Köln e.V. 1902“, die „Große Allgemeine Karnevalsgesellschaft von 1900“ und die „Prinzen-Garde Köln 1906 e.V.“. Von Seiten der Stadt Köln erkannte man nun verstärkt auch die Möglichkeit, über den Rosenmontagszug den Fremdenverkehr zu beleben. Ein ab 1912

Hans Schwartz, Entwurf zum Rosenmontagszug 1913 mit dem Motto „Sang und Klang im Karneval“, Tusche/Aquarell, 1913

einberufener Bürgerausschuss beriet nicht nur mit dem Festkomitee die Zusammensetzung des Rosenmontagszuges, sondern gewann auch andere geeignete Vereine für die Beteiligung am Zug, vor allem die Gesangs- und Turnvereine wie den „Kölner Männergesangsverein" oder den „Turnverein Jahn".
Aber auch in diesen Jahren erfüllte der Rosenmontagszug in Teilen seine Aufgabe als historischer Festzug und ist somit auch als stabilisierender Faktor für „Kaiser und Reich" in der ehemaligen Westprovinz zu begreifen.
1914, kurz vor dem Ausbruch des Ersten Weltkrieges, hatte der Rosenmontagszug das Thema „Weltausstellung in Köln". Die Wagennummern 28 „Flottenvermehrung" und 33 „Der Armeebedarf" kündigten die kommenden kriegerischen Auseinandersetzungen patriotisch an.

H.W. Brockmann, Wagenentwurf für den Rosenmontagszug 1914, Tusche/Aquarell, 1913

Abb. ganz oben:
Fritz Steiger, Impressionen zum Kölner Rosenmontagszug mit dem Titel „Kölner Welt-Ausstellung 1914", Tusche/Aquarell, 1914

Die 20er Jahre: Familiengesellschaften und Künstlerbälle

Bedingt durch den verlorenen Ersten Weltkrieg und die darauf folgende englische Besatzung konnten die Kölner den Rosenmontagszug von 1915 bis 1926 nicht durchführen. Trotzdem blieb man aktiv. In jenen Jahren wurde etwas fortgeführt, das Maria Heinrich Hoster 1880 mit der Gründung der „Kölner Narrenzunft" begonnen hatte: die Tradition der „Familiengesellschaften". Diese befürworteten eine stärkere Beteiligung der Frauen am gesellschaftlichen Leben. So gründeten sich 1919 die „Fidelen Zunftbrüder" und die „KG Frohsinn". Auch die „Altstädter" entstanden 1922 als „Fidele Altstädter". In der Karnevalszeitung von 1922 konnte man einen fingierten Aufruf zum „Kölner Rosenmontagszug 1922" lesen. Dieser Rosenmontagszug, der natürlich nicht stattgefunden hat, stand unter dem Motto „Wir sind Geck". 34 Personen und Wagengruppen wurden aufgeführt, unter anderem „die notleidenden Landwirte im Gelde erstickend", „viel ausgepresstes deutsches Volk" und der Schlusswagen mit dem Thema „arbeitslose Karnevalspräsidenten, Liederdichter und Karnevalisten".
Die 20er Jahre waren auch für den Kölner Karneval eine schwierige Zeit. Zwar wurden für das Jahr 1925 nach fast 10-jähriger Unterbrechung Sitzungen, Masken- und Kostümfeste wieder offiziell erlaubt, doch waren es nun die Kirche und die städtischen Behör-

Gruppenfoto (Ausschnitt) vom Karnevalsball „Paradiesvogel" der Kölner Werkschulen mit dem Kölner Künstler Peter Strausfeld (rechts unten), um 1930

den, die sich den Bestrebungen der Karnevalisten, wieder in die Öffentlichkeit zu gehen, widersetzten. Die Stadt hatte Angst, dass ihr Ansehen bei den Besatzern leide, wenn dieses Fest gefeiert würde. Aber die „Große Kölner Karnevalsgesellschaft" erzwang gerichtlich die Aufhebung des Verbotes, und so konnte zumindest in den Sälen wieder gefeiert werden.

Die Nachwehen des Ersten Weltkrieges waren überall in den Karnevalsgesellschaften zu spüren. Viele von ihnen gab es nur noch als lockere Verbindungen oder als Familienkreise. Es waren bis 1925 eher die kleinen Vereinigungen und vor allem das Divertissementchen der Cäcilia Wolkenburg, die den Karneval in Köln wachhielten.

Natürlich hatte der Karneval auch unter der wirtschaftlichen Situation dieser Jahre gelitten. Die Inflation hatte 1923 ihren Höhepunkt erreicht und die Zahl der Arbeitslosen in Köln war in Folge der wirtschaftlichen Absperrung des Rheinlandes auf etwa 130 000 gestiegen. Mit dem Abzug der englischen Besatzer kam der wirtschaftliche Aufschwung. Nun nahmen auch die Aktivitäten im Karneval wieder ihren Lauf. Obwohl der Straßenkarneval bis zum Jahre 1928 verboten blieb, wurde 1927, am Fastnachtssonntag, eine bunte Kappenfahrt mit „Bildern aus der neuen Zeit" erlaubt, im Grunde nichts anderes als ein „Rosenmontagszug". Auf zeitgenössischen Abbildungen ist zu sehen, wie Menschenmassen dicht gedrängt auf dem Neumarkt und in den Kölner Straßen stehen. Fußgruppen und Wagen, die schnell wieder zur alten Größe zurückgefunden hatten, finden nur mühsam ihren Weg. Der Rosenmontagszug des Jahres 1928 mit dem Titel „Die Presse im Spiegel des Kölner Karnevals" stimmte dann alle in karnevalistischer wie wirtschaftlicher Hinsicht optimistisch. Doch der Optimismus bekam bereits im Jahre 1929 mit der Weltwirtschaftskrise einen Dämpfer. 1930 konnte der Zug nur durch das Abwerfen von Werbezetteln finanziert werden, und in den Jahren 1931 und 1932 fiel er aus.

Karnevalistisch gesehen hatten die 20er Jahre aber wichtige Anstöße zu Neuerungen mit sich gebracht. Gestärkten privaten Initiativen war es zu verdanken, dass sich Ende 1932 wieder ein Bürgerausschuss unter der Führung von Hans Karl Scheibler, Otto Brügelmann und Joseph Bachem konstituierte. Gemeinsam mit dem Festkomitee bereitete man nicht nur einen Rosenmontagszug für

Hans Schwartz, Plakat zur „Kölner Rosenmontags-Zeitung", 1912

Der Rosenmontagszug 1928 auf dem Neumarkt

Willi Ostermann (1876–1936), Köln 1931, signiert von Willi Ostermann

Karl Küpper (1906–1970), stand von 1927 bis 1960 als „Dr Verdötschte" in der Bütt.

das Jahr 1933 vor, sondern erstmals auch die Veedelszöch für den Karnevalsdienstag.
Parallel dazu setzten die Künstler und Künstlervereinigungen mit ihren Bällen und Festen in den 20er Jahren einen ganz neuen karnevalistischen Akzent. Für sie war der Karneval längst zum Bestandteil der lauten 20er Jahre geworden. Öffentlich wurden die Bälle und Feste aber erst ab dem Jahre 1925. Vorher konnte man bei Teilnahme zu mehrtägigen Haftstrafen verurteilt werden. So feierten zum Beispiel die Studenten der „Kölner Werkschulen" ihre Karnevalsfeste um 1920 im nahe gelegenen Brühl. Neben dem „Lumpenball" der „Progressiven Künstler Kölns" gab es noch eine ganze Reihe von anderen Künstlerbällen. So wurde der „Paradiesvogelball" der „Kölner Werkschulen" oft in der Flora gefeiert. Feste der Künstlergruppe „Hängematte" gab es genauso wie die Bälle der „Scheune", die heute noch existieren.
Addiert man die große Zahl von Künstlerbällen und -festen in den 20er Jahren, dann hatte Köln damals eine fast so große Vielfalt an karnevalistischen Aktivitäten neben dem offiziellen Karneval wie heute. Auch das Bürgertum und einige Karnevalisten des offiziellen Karnevals waren hier immer wieder anzutreffen. So wurde der populäre Sänger Willi Ostermann von August Sander, dem großen Kölner Fotografen, auf den Künstlerfesten fotografiert. Doch die Zeiten hatten sich um 1930 nicht nur in Köln politisch grundlegend verändert.

Karneval im Nationalsozialismus

Mit der Weltwirtschaftskrise erstarkte der Nationalsozialismus, der bereits seit Anfang der 20er Jahre eine zunehmende Anhängerschaft gefunden hatte. Der Büttenredner Karl Küpper, der seit 1927 als „Dr Verdötschte" im Kölner Karneval auftrat, war einer derjenigen, die relativ rasch die Verhörmethoden der Nationalsozialisten kennen lernten. Küpper war damals bekannt dafür, dass er immer mit Anlauf auf den Rand der Bütt sprang, dann die Beine baumeln ließ und die Hand zum Hitlergruß hob. Wenn dann die ersten den Gruß erwidern wollten, rief er: „Nää, nää! So hu lit bei uns dr Dreck em Keller." Küpper bekam diverse Verwarnungen und wurde 1939 nach § 2 des „Heimtückegesetzes" unter anderem wegen Verächtlichmachung des deutschen Grußes verurteilt.

Bürgermeister Willi Ebel (Mitte, mit Säbel) auf dem „Bohnenball" des Jahres 1934, im gleichen Kostüm rechts im Bild Thomas Liessem

Nach der Machtübernahme der Nationalsozialisten 1933 hatte der damalige Beigeordnete und NSDAP-Bürgermeister Willi Ebel das „Festkomitee Kölner Karneval" in den Kölner Verkehrsverein eingebunden. 1935 sollte diese für ihn noch zu lockere Organisation durch einen „Verein Kölner Karneval" unter seinem Vorsitz ersetzt werden. Der neue Verein wollte das Zugriffsrecht auf alle Veranstaltungssäle. Korps und Gesellschaften wären zu Handlangern geworden, Büttenredner hätten ihre Reden vorlegen müssen. Der Kölner Karneval wäre wie an vielen anderen Orten Teil der straffen Parteiorganisation „Kraft durch Freude" geworden. Doch die Nationalsozialisten akzeptierten die Gründung eines „Festausschusses des Kölner Karnevals", in dem – mit Thomas Liessem an der Spitze – die meisten Kölner Karnevalsgesellschaften vertreten waren. Der nationalsozialistische Oberbürgermeister Riesen wurde zum Treuhänder des Kölner Karnevals bestimmt. Ihm mussten Motto und Wagenentwürfe vorgelegt werden.

Aber der Kölner Karneval war auch in dieser dunklen Epoche ein Spiegel seiner Zeit. Konservativ, nationalistisch, gegen den Versailler Vertrag und die letztlich gescheiterte Weimarer Republik war der Karneval bereits vor 1933 gewesen. Dem nun populären Antisemitismus Raum zu geben, bedurfte es nur wenig Nachhilfe seitens der NSDAP. So blieben die Versuche des „Festausschusses", das Einfüh-

„Die Letzten ziehen ab", antisemitischer Mottowagen, Rosenmontag 1936

Weibliches Mariechen der Ehrengarde, nach 1936

Abb. rechts oben:
Das letzte (inoffizielle) Dreigestirn 1940 mit Elfriede Figge als weibliche Jungfrau, Peter Beu als Prinz und Christian Massong als Bauer

ren antisemitischer Wagen in den Rosenmontagszug 1938 zu verhindern, erfolglos. Dieser Zug, wie auch die anderen in den Jahren vorher, enthielt deutliche Elemente nationalsozialistischer Propaganda. Auch innerhalb der Karnevalsgesellschaften wurde der Druck der Nationalsozialisten spürbar. Jüdische Mitglieder mussten die Gesellschaften verlassen und neue Mitglieder ihre „arische" Herkunft nachweisen.

Ab 1936 sorgten die Nationalsozialisten für einen tief greifenden Wandel bei den Figuren der Jungfrau und des Mariechens der Korpsgesellschaften. Waren diese traditionell von männlichen Darstellern verkörpert worden, mussten sie nun von Frauen übernommen werden. Während die Jungfrau aber direkt nach dem Zweiten Weltkrieg wieder mit einem Mann besetzt wurde, blieb man bei den weiblichen Mariechen.

Mit dem Ausbruch des Zweiten Weltkrieges 1939 verstummte der öffentliche Kölner Karneval. Am 2. März 1945 wurde Köln nach dem letzten großen Luftangriff endgültig zur Trümmerwüste. Kurz nach dem Beginn der amerikanischen Besatzung erwachten die karnevalistischen Aktivitäten aber wieder. Am Rosenmontag 1946 sangen Kinder und Jugendliche bei einem improvisierten Zug in den Trümmern von Köln das Lied: „Ov krüz oder quer, ov Knääch oder Här, mer losse nit, mer losse nit vom Fasteleer."

Literatur in Auswahl

Euler-Schmidt, Michael: Kölner Maskenzüge 1823-1914, Köln 1991

Assenmacher, Ralf Bernd/Michael Euler-Schmidt/Werner Schäfke: 175 Jahre ... und immer wieder Karneval, Köln 1997

Frohn, Christina: Der organisierte Narr, Marburg 2000

Karneval der Gegenwart

1945–2005

Wolfgang Oelsner

Kulturepochen werden an Ereignissen der Weltgeschichte festgemacht. Traurigerweise sind das meist Kriege. So gelten die Jahre nach dem Zweiten Weltkrieg als Gegenwart oder „Neuzeit" des Kölner Karnevals. Tatsächlich läuteten 1946 das noch unorganisierte Jeckentreiben in der Kölner Ruinenlandschaft und 1949 der erste Rosenmontagszug – eine „erweiterte Kappenfahrt" – auch im Karneval eine neue Epoche ein. Zunächst zog ein neuer Geist ein. Erst 25 Jahre später, mit den gesellschaftlichen Umbrüchen in der Bundesrepublik, sollten auch die Formen wechseln.

Im Karneval der ersten zwanzig Nachkriegsjahre spiegeln sich die Eckpole der neuen Bundesrepublik: hier das Wagnis einer Jung-Demokratie, dort ihre altväterlichen Repräsentanten in Kanzler- und Präsidentenamt (Adenauer und Heuss). Äußerlichkeiten der Vorkriegszeit lebten in den 1950er und 60er Jahren vorerst weiter. Im Saal dominierte bei den Herren der schwarze Anzug mit Silberkrawatte. Waren Damen zugelassen, wurde das als „Sitzung mit Damen" kenntlich gemacht. Als epochale Neuerung galten die 1949 eingeführten „Hausfrauennachmittage". Man lauschte den Beiträgen auf dem Podium und folgte den Patriarchen in den Elferratsgestühlen. Für das Festkomitee waren das Albrecht Bodde (Festkomitee-Präsident 1947–1954) und Thomas Liessem (1954–1963), die als große Präsidentenpersönlichkeiten schon vor dem Krieg Karnevalsgeschichte geschrieben hatten. Am Rosenmontag reichte den Jecken ein Hütchen als Verkleidung, wenn sie geduldig in Zehnerreihen auf den Kamellenregen warteten, der wirklich noch

Abb. Seite 143/144: Rosenmontag 1946: In den Trümmern wird zum ersten Mal seit dem Krieg wieder Karneval gefeiert.

Sitzung der Prinzen-Garde Köln 1906 e.V. im Kölner Gürzenich in den 1950er Jahren

Die Prinzen-Garde im ersten Rosenmontagszug (Kappenfahrt) nach dem Zweiten Weltkrieg, 1949

aus zuckrigen Bonbons bestand. Das närrische Volk verstand sich als Publikum und hatte noch nicht das Bedürfnis nach der jubelnden, bunten Selbstinszenierung, mit der es heute dem Zoch die Wege eng macht und den Sitzungen Lautstärke und Takt vorgibt.

Dankbarer Wiederbeginn

In den Schwarz-Weiß-Bildern der 1950er und 60er Jahre kommt der Karneval sehr geordnet daher. Das brachte ihm die Attribute brav und spießig ein. Zumindest für das erste Nachkriegsjahrzehnt ist das ein Fehlurteil. Karneval wurde aus einem Gefühl der Dankbarkeit und Erleichterung gefeiert. Dankbar, überlebt zu haben, und erleichtert, einen Neubeginn aus Trümmern heraus gestalten zu können. Man sang sich Mut zu: „Jetz wed opgerümb met all dem ganze Dreck“ (1947). Nach den Jahren braunen Führens und Verführtwerdens zielte dieses Lied auch auf das Aufräumen in den Köpfen. Es stammte von Karl Berbuer, der nun Ostermanns musikalisches Erbe antrat, ohne dessen zuweilen patriotischen Grundton („Es gibt nur einen deutschen Rhein") fortzusetzen. Überhaupt verzichtete der Karneval fortan auf jene chauvinistische Attitüde, die seit der Reichsgründung 1871 öfters in ihm durchgeklungen war. Die Jecken schienen ihre Lektion gelernt zu haben: „Mit uns mäht keiner d'r Molli mieh" hieß es 1950 trotzig in einem Lied von Jupp Schlösser und Gerhard Jussenhoven. Festformen der 1930er Jahre, etwa die glanzvolle Prinzenproklamation, wurden zwar beibehalten, doch nun zogen andere Inhalte ein. Die Sehnsucht nach unversehrter Heimat und das Bekenntnis zur Scholle koppelten sich vom missbrauchten Begriff der Vaterlandsliebe ab und begnügten sich fortan mit dem regionalen Nahbereich, dem Bekenntnis zur Vaterstadt Kölle. Der Karneval gab sich nicht mehr für Parolen her. Nur noch für eine: „Friede und Freude". Dieses Motto des ersten Nachkriegsdreigestirns blieb wie ein Leitthema über der neuen Zeit stehen. Noch 1991 wurde es zitiert, als wegen des Golfkriegs die Rosenmontagszüge im Lande abgesagt worden waren und einzig in Köln die Jecken sich spontan zu einem Alternativzug formierten, der eine Mischung aus Narrentreiben und Friedensdemonstration wurde.

Es ist nicht primär die Aufgabe von Narren, Gesellschaftspolitik zu betreiben und Geschichtsaufarbeitung zu leisten. Doch Brauchformen des Narrenfestes sind Angebote, die Welt einmal aus anderer Perspektive zu reflektieren. So wurde damals im karnevalistischen Liedgut Verlorengegangenes betrauert („Ming herrlich Kölle, wie sühs do us?", Jupp Schmitz, 1946), die Hoffnung auf Zukunft bekräftigt („Am Dom zo Kölle", August Schnorrenberg, 1946), getröstet („Wir sind die Eingeborenen von Trizonesien", Karl Berbuer, 1948), oder es wurden die Zeitumstände ironisiert („Mer kriege jede Woch e Päckche us Amerika", Schlösser/Jussenhoven, 1949). Der Karneval als „Mäzen des kölschen Volkslieds" (Reinold Louis) stellte Ausdrucksformen zur Verfügung, mit denen der bedrückenden Wirklichkeit auch humorvoll begegnet werden konnte. Es war ein genügsamer, dankbarer Karneval, der in Behelfssälen wie der Kreissparkassen-Schalterhalle am Neumarkt oder im großen Rundbau des Zirkus Williams an der Aachener Straße, später in wieder aufgebauten (Wolkenburg, Flora, Rheinsaal) oder neu errichteten Sälen (Sartory, Stadthalle Mülheim) oder Messehallen gefeiert wurde. Aggressivität als menschliches Potenzial schien im Krieg ausgiebig und leidvoll abgearbei-

Kölner Weiberfastnacht auf dem Alter Markt, Anfang der 1950er Jahre

Prinzenproklamation 1953 im Williamsbau an der Aachener Straße

Jupp Schmitz in den 1950er Jahren

tet. Dieser Karneval war nicht aggressiv. Er war aber auch nicht brav. Er war bieder, jedoch nicht belanglos. Seine Vertreter fanden die Kraft, die tradierten Gesellschaften und Korps zu reaktivieren, oder – bereits 1945 – neue Vereine zu gründen. Das Attribut spießig bekam der Gesellschaftskarneval angehängt, als mit dem sich etablierenden Wirtschaftswunder die Staffage über die Inhalte ging. In dem 1955 mit viel karnevalistischer Unterstützung wieder aufgebauten Gürzenich konservierten die Gesellschaften eine Etikette, die substanzlos zu werden begann. Der Kölner Karneval war darin Spiegelbild seiner Zeit.

Krise und Umbruchzeiten

Auf den Musikpodien erreichte die Epoche der großen Einzelinterpreten mit Karl Berbuer, Jupp Schmitz und Fritz Weber ihre Zielgerade. Günter Eilemann mit seiner Trioformation (seit 1951), Ludwig Sebus (1953) und Marie-Luise Nikuta (1968) zählen zu den wenigen Nachwuchskomponisten und -interpreten jener Zeit, die der Niveauverflachung in alkoholselige Stimmungsanmache („Heute blau und morgen blau“) mit der Pflege des volkstümlichen Genrelieds, des Krätzchengesangs und auch modernen Arrangements entgegenstanden. Ähnlich war es in der Bütt. Karl Schmitz-Grön setzte seine erfolgreiche Type eines Pantoffelhelden aus der Vorkriegszeit fort. Mit Hans Hachenberg als „Doof Nuss“, Franz Unrein als „Schütze Bumm“, Heinz Eschweiler als „Buur us däm Vürgebirch“, Harry Fey als „Klöckner vum Rothustoon“, Heri Blum als „Ne ärme Deuvel“, „Tröötemann“ Karl-Heinz Jansen oder „Weltenbummler“ Gerd Rück stellten sich jüngere Vertreter in diese Tradition. Doch mit ihren kölschen Milieuschilderungen, mit ihrem Stöz und Klaaf aus der Bütt wurden sie schon zu Lebzeiten Denkmäler einer aussterbenden Vortragsart. Politische Reden in der Qualität eines Karl Küpper und Hans Jonen wurden nur noch von Toni Geller als (hochdeutscher) „Redner der blauen Partei“ weitergeführt. Immer mehr Redner ignorierten die Bütt als Requisit. Horst Muys, Kurt Lauterbach, Max Mauel, Jonny Buchardt traten im Conference-Stil vors Mikrofon, verzichteten auf Reime und kölsche Idiome und standen damit am Anfang einer Entwicklung, die sich über Peter Raddatz als „Mann mit dem Hötche“, den Düsseldorf-Import Wolfgang Reich bis hin zu Guido Cantz erfolgreich fortsetzte. Ohne Bütt startete auch eine der ganz wenigen Frauenkarrieren im Karneval: Trude Herr. Nach großen Erfolgen als „Wunderkind“, 1955, und „Besatzungskind“, 1956, konzentrierte sie sich später auf Theater und Film und trat im Karneval nur noch sporadisch mit Show- und Gesangsnummern auf.

Die Spannung zwischen Typenrede hier und Conference dort, zwischen Kölsch und Hochdeutsch, zwischen Milieuverzäll und Aneinanderreihung von Beliebigkeitswitzen setzte sich auf vielen Schauplätzen des Karnevals fort. Sie spitzte sich in Fragen zu wie der, ob „richtiger“ Karneval im Frack oder Kostüm, in Kneipe oder Saal, auf der Straße oder als Gala stattzufinden habe. Am augenfälligsten wurden die Konflikte in der Gestaltung und Bewertung der Prinzenproklamationen. Wurden sie galamäßig als „Festspiele am Hofe seiner Tollität“ inszeniert, mit Opern-, Musical- und Ballettstars, dann begehrte „dat kölsche Hätz“ auf. Wurden sie kölsch-volkstümlich gefeiert, mussten sie sich den Vorwurf selbstgenügsamer Provinzialität gefallen lassen. Besonders das damals zum Leitmedium heranwachsende Fernsehen hielt sie für nicht mehr vermittelbar. Hatten einige Printmedien schon früher mit dem Vorwurf der Zotenhaftigkeit dem Kölner Karneval eine bundesweite Schmähkampagne geliefert, war es nach der verunglückten Proklamation 1964 auch mit dessen Bildschirmpräsenz für viele Jahre vorbei. Das war nicht nur enttäuschend angesichts der nun noch größeren Fernsehübermacht des Mainzer Karnevals. Das war auch ein bedeutender Imageverlust für das Fest in der eigenen Stadt.

Als in Folge der Studentenunruhen 1968 Werteklima und Strukturen in der Bundesrepublik sich einschneidend änderten, drohte der gesellschaftliche Boden für den organisierten Karneval auszudorren. In der von Jeans und Parka beherrschten Welt der frühen 70er Jahre war kein Platz mehr für Abendgarderobe und bunte Gardeuniformen, erst recht nicht bei der Jugend. Der Gesellschaftskarneval geriet in ein Gestaltungs-Vakuum, an dem er hätte zerbrechen können. Er tat es nicht. Er wahrte seine Rituale, behielt Sitzungen, Bälle

Wicky Junggeburth

Hans Hachenberg als „Doof Nuss“

und Umzüge bei. Sogar neue Vereine wurden gegründet. Doch über allem lag kaum Glanz, es fehlte an gesellschaftlicher Anerkennung und medialer Wahrnehmung. Man war allenfalls Platzhalter, in der Hoffnung auf andere Zeiten.

In der Neuzeit angekommen

Dem Kölner Karneval waren in dieser Krise Glücksfälle beschieden, sowohl auf Funktionärs- als auch auf Künstlerebene. Der Glücksfall im Festkomitee saß von 1963 bis 1973 auf dem Präsidentenstuhl: Ferdi Leisten. Selber ein Repräsentant der „alten Zeit" hatte er die Kraft, deren Werte nicht dem unruhigen und alles in Frage stellenden Zeitgeist preiszugeben. Andererseits verfügte er im eigenen Lager über ausreichende Autorität, um Neuerungen in das Fest zu integrieren. Unter anderem gewann er Studierende der Kölner Werkschulen (heute „Köln International School of Design") für die Gestaltung von Rosenmontagszugwagen und holte somit Vertreter aus Jugend und Kunst für das Fest zurück. Mit Einladungen an Fastnachter aus dem alemannischen Brauchkreis oder auch Kontakten zum Karneval in Rio gingen rheinische Blicke nun weit über die heimischen Domtürme hinaus. Dem Zeitgeist entsprach es, als 1979 mit Heiner Mühr erstmals ein Repräsentant einer so genannten kleinen Gesellschaft Festkomiteepräsident wurde. Seine KG „Uhu" aus Dellbrück stand damals nicht nur für klein, sondern auch für die ländlich strukturierten Stadtteile sowie für die andere Rheinseite, die „Schäl Sick". Der Bedeutungszuwachs der „Kleinen" entsprach einer gesellschaftspolitischen Strömung in der gesamten Nation. Es galt, die Autorität der „Großen" zu relativieren, das „Monopol von Prunk und Strunz" aufzulösen. Und noch ein Aspekt fasste in Politik wie in Komitees gleichermaßen Fuß: die Entdeckung des Teams. Die Präsidenten blieben zwar die entscheidenden Persönlichkeiten ihrer Gremien, doch die Zeit autokratischer Solisten war vorbei. Auf Teamgeist, Mannschaftsleistung und Integration setzten fortan die Nachfolger auf dem Präsidentenstuhl: Ralf Bernd Assenmacher (1982–87), Rudi Herrmann (1987–89), Gisbert Brovot (1989–94) und Hans-Horst Engels (1994–2005). Ideen von außen und externe Kompetenzen fanden nun zunehmend Gehör. Seit 1990 können erstmals Frauen die Geschicke in der einstigen

Prinz Ferdi III. (Ferdi Leisten) 1959 mit Romy Schneider beim Ehrentanz

Männerdomäne Festkomitee mitgestalten. Zur Konsequenz des Teamgedankens zählt auch der Begriffswandel von der einstigen „Prinzenproklamation“ zur „Proklamation des Kölner Dreigestirns“.

Die Ablösung des Einzeldarstellers durch die Gruppe prägt seit Mitte der 1970er Jahre auch das närrische Podium. Damit ist der zweite Glücksfall angesprochen, der den Karneval aus der Krise der 68er-Folgejahre führte und ihn in der Neuzeit ankommen ließ: die Bläck Fööss. Diese Musikgruppe wurde – ähnlich wie 65 Jahre zuvor Willi Ostermann – zum Volltreffer im kölschen Zeitgeist. Sie befreite ihn vom Image des Gestrigen. Glücksfälle lassen sich nicht planen, sondern kommen als unerwartetes Geschenk. Um dessen Kostbarkeit zu entdecken, brauchen die Etablierten allerdings Gespür und Mut zum Ungewohnten. 1970 hatten Narrenfunktionäre beides. Sie holten sechs junge Musiker auf die Bühne, deren Kleidung und Haartracht, deren Auftreten und Sound den Beatles ähnelten und somit in völligem Kontrast zur eigenen Darstellung standen. Und dann sangen diese vermeintlichen Bürgerschrecks zu aller Überraschung Lieder vom Zusammenhalt („In unsrem Veedel“) und vom Bewahren („Mer losse d’r Dom en Kölle“). Das war der musikalische Brückenschlag zwi-

Ebenso wie die Bläck Fööss, die ab 1970 die Mundart auf der Bühne wieder gesellschaftsfähig machten, waren auch die Höhner Vorbild für viele neue Musikgruppen. Hier zu sehen: Hannes Schöner (hinten links), Henning Krautmacher (hinten Mitte) und Jan-Peter (Janus) Fröhlich.

schen den Generationen, zwischen Schunkelwalzer und Weltmusik, zwischen Frack und Jeans, zwischen politischer Ambitioniertheit und Heimattrunkenheit, zwischen Straße und Festsaal.

Bereits eine Generation zuvor hatte sich mit der Gruppe „Vier Botze" ein Wandel in Musikalität, Witz und Bühnenpräsenz im Sitzungskarneval angedeutet. Doch während dieses Quartett mental stets im kölschen Zentrum blieb und aus ihm heraus wirkte, beeinflussten die Bläck Fööss die karnevalistische Mitte über die englischsprachige Popkultur. Das Englische ersetzend war Kölsch plötzlich nicht mehr nur die Sprache von Heimatvereinen, sondern wurde als Ausdruck persönlicher Befindlichkeit und regionaler Identität wiederentdeckt. Die Mundart wurde gesellschaftsfähig. Das Liedgut der Gruppe war nicht auf den Karneval begrenzt. Es stand ebenso im Zeichen von Bürgerbewegungen und Stadtteilinitiativen und fand auf Kleinkunstbühnen wie bei Open-Air-Events Gehör. Jedoch vermittelte es sich am effektivsten über den Karneval. Wechselwirksam lockte der jetzt Kreise an, die ihm bislang fern standen. Die Lieder der Gruppe hoben den vermeintlichen Widerspruch von intellektuellem Anspruch und volkstümlicher Feierfreudigkeit auf.

Zwanzig Jahre später gab es einen ähnlichen Effekt mit der Etablierung der „Stunksitzung". Die zog sogar „Karnevalsflüchtlinge" an, allerdings ohne einen vergleichbaren Transfereffekt auf den Gesellschafts- und Volkskarneval. Zwar gab es 1994 einen gemeinsamen Kölschtrunk zwischen den Präsidenten Gisbert Brovot und Jürgen Becker. Doch im Selbstverständnis einer Alternativbewegung brauchen die „Stunker" den Komiteekarneval als Gegenbild, an dem sie sich mit Witz und satirischem Biss abarbeiten. Ihre seit einem Vierteljahrhundert höchst publikumswirksamen Veranstaltungen inszenieren sich eher als kabarettistisches Parallelangebot zur Karnevalszeit. Allerdings reagierten die Komiteegesellschaften auf diese Entwicklung, indem sie ihre eigenen Strukturen überprüften, sich von überholten Traditionsrelikten verabschiedeten und neue Festformen erprobten.

Die Paveier (hier: Leadsänger Micky Brühl) bilden mit den Bläck Fööss, den Höhnern und den Räubern das kölsche „Kleeblatt".

Dynamik und Tradition

Tempobeschleunigungen sind im Brauchtum ein zähes Unterfangen. Sie erscheinen gar als Widerspruch, gilt Brauchtumspflege doch auch als Kultur des Bewahrens. Sie manifestiert sich vor allem im Liedgut: „Och wat wor dat fröher schön doch in Colonia" (Willi Ostermann, 1930), „Jede Stein en Kölle es e Stöck vun deer" (Ludwig Sebus, 1954), „Hey Kölle, do bes e Jeföhl" (Höhner, 1994). Mit Liedern wie diesen füllt der Karneval zu einem guten Teil das emotionale Vakuum, das Globalisierung, Technisierung und auch Säkularisierung in der Gesellschaft hinterlassen haben. „Eine natürliche Großzügigkeit und Stolz auf die eigenen Wurzeln, die Heimat, die Stadt, den Verbund, aus dem man stammt" sind Eigenschaften des feiernden Narren, stellte der frühere Chef des „Bund Deutscher Karneval", Franz Wolf, 2001 fest. „Heimatpflege" findet mancherorts nur noch im Karneval statt. Dieser wurde Platzhalter für einen Heimatbegriff, der nach dem nationalsozialistischen Missbrauch lange Jahre verpönt war. In den Schulen wurde aus dem Fach „Heimatkunde" die nüchterne „Sachkunde". Während Begriffe ausgetauscht wurden, blieben aber die damit verbundenen Gefühle bestehen. Was sich als Sehnsucht nach Heimat nicht mehr offen artikulieren konnte, fand eine Nische im Karneval. Folgerichtig erweiterte der von Thomas Liessem und Ferdi Leisten 1954 ins Leben gerufene „Große Senat" als Unterstützerverein von Brauchtum und Karnevalsmuseum seinen Namen 1983 zu „Heimatmuseum Köln e.V.". Dynamik kam in den heimatverwurzelten Karneval vor allem über die Aktiven der Bühne hinein. Der Erfolg der Bläck Fööss und der bald darauf gegründeten „Höhner" löste einen Boom neuer Musikgruppen aus, denen die „Urgruppen" bis heute Maßstäbe setzen. Kraft ihrer Popularität animierten

Seit über einem Jahrzehnt aktiv: Die Räuber (hier, von links nach rechts: Norbert Campmann, Wolfgang Bachem, Karl-Heinz Brand) sind heute von den Karnevalsbühnen kaum wegzudenken.

sie Künstler anderer Kulturen, Genres und Generationen zu Auftritten auf karnevalistischen Veranstaltungen. An ihrer Seite bereicherten afrikanische, russische, irische Gesangsgruppen kölsche Musik, mit ihrer Starthilfe wurde ein Jugendkirchenchor Sieger der „Närrischen Hitparade" (St. Stephan), fanden Zirkusleute und Sinfoniker das Zusammenspiel mit „kölscher Weltmusik". Und ohne den Anschub der inzwischen Kultstatus genießenden Bands würde weder kölsches Liedgut in den Schulsitzungen aufblühen, noch hätten Kölsch-Rocker wie „Brings" den Weg auf die Karnevalsbühne gefunden.
Das Tempo des Karnevals der Gegenwart wird wortwörtlich in seinen zahlreichen Tanzgruppen sichtbar. Ein Quantensprung liegt zwischen den volkstanzähnlichen Choreografien der 1950er Jahre und der sportlichen Perfektion und Bühnenpräsenz heutiger Tänzer. Sind diese „Jung-Akrobaten" inzwischen das Aushängeschild vieler „Frack- und Familiengesellschaften", so haben die Traditionskorps ihre einst betulichen Korps- und Mariechentänze durch die prägende Hand des Ballettmeisterpaares Schnitzler modernisiert.

Zwischen Professionalisierung und Ehrenamt

Von der Perfektionierung ist es nicht weit bis zur Professionalisierung. Bei den Spitzenrednern und -musikern setzte die schon früh ein, während die jungen Tänzerinnen und Tänzer Amateure geblieben sind. Auch die Karnevalisten der Gesellschaften sind wortwörtlich „Liebhaber" geblieben, wenngleich einige Sitzungspräsidenten gegen Honorar „eingekauft" werden und zunehmend gewerbliche Künstleragenten statt der selbstlosen „Literaten" Programme gestalten. Der Karneval zu Beginn des neuen Jahrtausends hat – ähnlich wie der Spitzensport – eine wirtschaftliche Dimension erreicht, die immer schwieriger nebenberuflich oder gar im reinen Ehrenamt zu bewältigen ist. Das Festkomitee antwortete darauf in der Ägide von Hans-Horst Engels mit dem Ausbau einer modernen Logistikzentrale im „Haus des Kölner Karnevals", nachdem es Jahre zuvor bereits eine „gemeinnützige GmbH" gegründet hatte. Eine der brennendsten Gegenwartsaufgaben ist es, Professionalisierung und Marktorientierung zuzulassen, ohne in puren Kommerz zu verfallen. Vor allem der Rosenmontagszug

soll weiterhin werbefrei bleiben. In welchen wirtschaftlichen Größenordnungen das Fest sich inzwischen bewegt, wurde durch eine Studie des McKinsey-Instituts in der Session 1991/92 festgestellt. Derzufolge hingen rund 4 000 Arbeitsplätze vom Karneval ab. Und das geschätzte Steueraufkommen betrug 63 Millionen DM bei Gesamtumsätzen von 500 Millionen DM – eine Summe, hinter die inzwischen womöglich ein Euro-Zeichen gesetzt werden darf.

Eine andere Hochrechnung ergab, dass es etwa zwanzig Jahre ausverkaufter Säle in Köln bedarf, um auf den Zuschauerschnitt einer einzigen Sitzungsübertragung im Fernsehen zu kommen. Derer gibt es seit den 1990er Jahren mehr und mehr. Nach Jahren der Geringschätzung, gar Ignoranz, sehen die Fernsehanstalten den Karneval nun als Quotenbringer. Angestachelt durch Begehrlichkeiten der privaten TV-Anstalten entdeckte der heimische WDR den Kölner Karneval wieder. In der Session 2004 beispielsweise schickte er 92 närrische Sendestunden in die Haushalte. Bei aller Freude über die neue Wertschätzung sehen die Verantwortlichen in den Gesellschaften darin die Gefahren von Übersättigung und Preistreiberei. Denn TV-Prominenz lässt die Gagen der Auftretenden in eine Höhe schnellen, die bei Veranstaltungen vieler kleiner Vereine, gerade in den Stadtteilen und im Umland, nicht erwirtschaftet werden kann. Auch wird der Kreis der Akteure auf den Narrenbühnen kleiner, wenn Fernsehmaßstäbe die Erwartungshaltung des Publikums bestimmen. Amateure können und wollen da nicht immer mithalten.

Jan Brügelmann, der damalige Vorsitzende der Freunde und Förderer des Kölnischen Brauchtums e.V., bei der Fernsehkommentierung der Schull- un Veedelszöch 1980

Mit dem Schwinden der Hobby-Karnevalisten, so ist es aus den Vereinen zu hören, droht dem Volksfest der Verlust seiner Seele. Die Entdeckung und Förderung von Eigenkräften, wie sie unter anderem durch das „Literarische Komitee" gepflegt wird, ist ohnehin schwer genug. Eine weitere Häufung von Conferenciers, Komikern und Bauchrednern, die mit gleichem Programm im Sommer durch die Kurhäuser und im Winter durch die Sitzungssäle tingeln, würde dem Karneval aus Köln sein unverwechselbares Profil nehmen. Bislang fand das Fest aus eigenen Kräften zu Kompromissen und Alternativen, die sowohl Tradition wie Zeitgeist Rechnung tragen. Mixturen aus Sitzung und Ball, wie sie das Festkomitee mit der Jugendsitzung „tärää" seit 1983 anbietet, oder Veranstaltungen wie der „Bützje-Ball" der Ehrengarde, die „Wibbel-Dance-Party" der Roten Funken oder „KoSiBa" der KG Kölnische sind Antworten auf das vermehrte Tanz-, Mitsing- und Kontaktbedürfnis der jungen Generation.

Jugendförderung war und wird zu allen Zeiten Auftrag und Problem der Brauchtumspflege sein. Auf Initiative von Bernd Assenmacher gibt ihr das Festkomitee seit 1984 im „Juniorenförderkreis" Struktur und Kontinuität. Um in den hohen Leistungsstandard der Musik- und Tanzgruppen hineinzuwachsen, braucht es Geld. Vor allem aber bedarf es ideeller Überzeugungskraft und Modellvorgaben von Erwachsenen, wenn Karneval angesichts der sich aufdrängenden Freizeitalternativen aus Fernseh- und Konsumwelt für Jugendliche attraktiv sein soll. Der Gesellschaftskarneval hat hier im Zusammenwirken mit Schulämtern und Jugendverbänden seine gesamtgesellschaftliche Aufgabe erkannt. Die nach Jahren der Abstinenz wieder etablierten Schulsitzungen und nicht zuletzt eine steigende Nachfrage nach der Teilnahme an den Schull- un Veedelszöch künden vom Erfolg. Ebenso die wachsende Attraktivität der Weiberfastnachtsparty auf dem Neumarkt, die unter dem Motto „Keine Kurzen für die Kurzen" Jugendlichen eine alkoholfreie Alternative des Feierns anbietet.

Ball der kölschen Düvjer im Senatshotel 2002

Risiken und Chancen

Willibert Pauels als „Ne Bergische Jung" auf der Milljöhsitzung der KG Paragraphenreiter im Februar 2004

Alkoholexzesse, Aggressivität, Abzocke, Unfälle und sexuelle Übergriffe sind Begleiterscheinungen, die jährlich für negative Schlagzeilen zu Karneval sorgen. Gesellschaftliche Missstände zeigen sich bei einem Fest, das die Emotionen freilegt und die üblichen Distanzgrenzen aufhebt, nun mal besonders. Auch das bewährte „Medikament Karneval" kennt unerfreuliche Nebenwirkungen. Die heilsame Wirkung kippt vor allem bei Missbrauch und Fehldosierung ins Gegenteil um, das heißt, wenn Spielregeln ignoriert und Festrituale nicht gepflegt werden. Natürlich kann ein Fest nicht die Verantwortung für gesellschaftliche Zustände übernehmen. Aber es wird sich sagen lassen müssen, dass es sich zu einem Gigantismus verleiten ließ, der vorhandene Probleme verstärkte und vom Rand auf die Bühne drängte. Wenn heute 20 000 bis 30 000 Jecke am Heu- und Altermarkt eine fernsehwirksame Kulisse zum Auftakt der Session am 11.11. oder des Straßenkarnevals an Weiberfastnacht geben, dann verrutschen die Proportionen zwischen denen, die mit den Ritualen vertraut sind, und denen, die vor allem als jüngere Gäste erst Zugang zu ihnen finden müssen. Die Intimität, mit der einst am Ostermannbrunnen oder Roten-Funken-Plätzchen die Session mit einem knappen Alaaf willkommen geheißen wurde, hat der Karneval der Jahrtausendwende verloren. Da ist kein Blick mehr frei für die an die Wand gemeißelten Zeilen des Funkeneids, in dem es an einer Stelle heißt: „...well suffe su vill wie der Magen ohn Biesterei kann jot verdrage."

Paradoxerweise gibt es für etliche Probleme im Kölner Karneval einen erfreulichen Grund: Das ist seine überregionale Ausstrahlung und Wertschätzung als „Karnevalshochburg". Für solch ein närrisches Adelsprädikat braucht es drei Voraussetzungen. Es bedarf zum einen eines herausragenden Ereignisses, auf dessen glanzvolle Inszenierung während der Festwochen alles hinzielt. Das ist und bleibt der Kölner Rosenmontagszug, der jährlich über eine Millionen Menschen an den Straßenrand und ein Vielfaches davon vor die Fernsehgeräte lockt. Nicht minder wichtig ist, dass

Puppensitzung des Kölner Hänneschen-Theaters mit dem Traditionscorps Altstädter Köln 1922 e.V.

das Fest mit tausend Verästelungen in das Alltagsleben einer Region hineinwirkt. So entwickelte sich neben den Umzügen, Bällen und Sitzungen eine vom festordnenden Komitee unabhängige Fastnachtskultur in Vereinen, Pfarren, Schulen, Betrieben. Sie bilden in Stadt und Umland den Humus, ohne den keine „komiteetauglichen“ Orchideen heranwachsen. Und schließlich braucht es einen allgemeinen Konsens über Feststrukturen, damit Rahmen und Anlass gegeben sind für Veranstaltungen wie etwa die Puppensitzung im Hänneschen-Theater, das Divertissementchen im Opernhaus, die Sitzungen und Bälle im schwul-lesbischen Karneval, der „Ball Fatal“, die „Prot's-Sitzung“ aus evangelischen Kreisen oder Kinderstunk- und Ziegenbartsitzung für die Jüngeren. Nicht zu vergessen sind künstlerische Formen wie die „Kunst Triennale“ der „Großen Kölner“ oder diverse närrisch-literarische und musikalische Matinees. Manches, was als Experiment startete, wurde zur Traditionsveranstaltung, wie der Geisterzug (seit 1991) und der Sternmarsch der Veedelsvereine (seit 1998). Schließlich wurden aus Kappenfahrten (Kalk, 1952) und Kinderumzügen (Ehrenfeld, 1954) die großen Umzüge am Karnevalsdienstag in den Stadtteilen.

Kölns alternative Karnevalssitzung „Schnieke Prunz“ im Jahr 1997, Auftritt der Rosa Funken

Köln kann nicht wie Residenzstädte auf eine höfische Tradition zurückgreifen. Das gesellschaftliche Leben der Rheinmetropole definiert sich weitestgehend im und durch den Karneval. Das macht die Rolle eines „Narrenfürsten“ einerseits attraktiv. Andererseits diszipliniert ihn das und beraubt ihn eines Teils seiner Narrenfreiheit. Eine medial überwachte political correctness macht die jecken Räume eng. Die Obrigkeit muss den Prinz Karneval nicht fürchten. Sie proklamiert ihn sogar höchstpersönlich und applaudiert ihm anschließend von den Ehrenplätzen. Der Gesellschaftskarneval der Gegenwart stützt die bestehenden Systeme eher, als dass er sie stürzt. War das je anders? Karneval war und ist ein Spiel mit der verkehrten Welt auf Zeit. Es bietet stets aufs Neue die Chance, der Welt einmal anders, einmal spielerisch zu begegnen, so, wie es das Colonia Duett (Hans Süper und Hans Zimmermann, 1975–1991) prototypisch auf der Bühne vorlebte. Gesellschaften und Individuen dürfen sich mal mit anderen Dialogen erproben, ohne die harten Konsequenzen der Realität spüren zu müssen. Und immer noch lässt das Fest die Freiheit, Erfahrungen aus diesem paradiesischen Zustand in die Welt nach Aschermittwoch mit hinüberzunehmen.

„Nachwuchs-Närrin" im Kölner Karneval

Stellenwert und Standortbestimmung des Kölner Karnevals

Stefan Volberg

Quo vadis, Kölner Karneval? Rollt dieses alte Kölner Fest auf festgefahrenen Spuren systematisch ins Abseits oder bricht es ganz im Gegenteil gerade auf zu neuen Ufern? Wenn man Insider dazu befragt, bekommt man nahezu einhellig die Auskunft: Der Karneval ist auf jeden Fall im Umbruch. „Alles muss sich ändern, damit es bleibt, wie es immer war", könnte der Leitspruch lauten.

Doch zunächst einmal zur Frage: Welche Bedeutung hat der Karneval für Köln? Wir zitieren hier gern den Oberbürgermeister Fritz Schramma: „Wir Kölner haben es gut. Das Jahr beschert uns neben den gewöhnlichen vier Jahreszeiten noch eine weitere: den Karneval. Vom Elften im Elften bis Aschermittwoch finden etwa 500 Sitzungen und Bälle mit Büttenreden, Gesang und Tanz in Köln statt. Und beim Straßenkarneval befindet sich die Stadt sechs Tage lang im Ausnahmezustand: Auf den Straßen und Plätzen, in den Wohnungen, am Arbeitsplatz und insbesondere in den Kneipen tanzen, schunkeln, singen und lachen die Närrinnen und Narren. Und wenn die Umzüge durch Köln gehen, ist das ein Fest für über eine Million Kölner und Besucher. Karneval ist ein Fest der Lebensfreude, das Menschen allen Alters und aller Nationalitäten vereint. Wenn karnevalistische Schunkelhymnen erklingen, werden Fremde schnell zu Freunden und so mancher Neubürger zum eingefleischten Köln-Fan", sagt OB Fritz Schramma.

„Für die richtige Stimmung sorgen auch rund 160 Karnevalsgesellschaften, Heimatvereine und Veedelsgemeinschaften, die mit ihren Veranstaltungen dazu beitragen, das Lebensgefühl ‚Karneval' zu prägen. Jahr für Jahr bringen sie mit viel kölschem Temperament die Närrinnen und Narren zum Lachen, Schunkeln und Singen und sind wesentlicher Bestandteil des Karnevals. Auch für die Kölner Wirtschaft", betont der OB, „ist der Karneval von Bedeutung. Der Umsatz wird auf rund 650 Millionen Euro geschätzt. Ein zusätzlicher wirtschaftlicher Vorteil entsteht durch die starke Präsenz in den Medien. Allein die Übertragung des Rosenmontagszuges verfolgen vor dem Fernseher Millionen von Zuschauern. So wird der Bekanntheitsgrad unserer Stadt enorm gesteigert."

Für Josef Sommer, Geschäftsführer von Köln-Tourismus, ist die Bedeutung des Karnevals gar nicht zu überschätzen: „Er ist ein starkes Alleinstellungsmerkmal für Köln und ein klassischer Reiseanlass. Dabei ist das neue Karnevalsmuseum von besonderer Bedeutung, weil es über die Session hinaus, also ganzjährig, zur Verfügung steht. Und der Karneval wirkt über das Karnevalsgeschehen hinaus." Wenn beispielsweise 2006 die Fußballweltmeisterschaft in Deutschland stattfindet, dann wird Köln bundesdeutsches Zentrum für die Fans aus Brasilien werden. Diese Entscheidung begründete der brasilianische Fußballverband ausdrücklich mit der Mentalität der Kölner, die der brasilianischen ähnlich sei, wie es von „Planeta Brasil Tourismo", dem Reiseveranstalter des Fußballverbandes, hieß. „Köln ist in Brasilien allein schon durch den Karneval bekannt und sympathisch besetzt", sagt Sommer. „Hier wie dort spielt die Karnevalskultur auch für das Lebensgefühl eine bedeutende Rolle. Frankfurt beispielsweise bietet da gar keine Anknüpfungspunkte."
Dabei sei das Image einer Stadt wie Köln durch den Karneval eindeutig und ausschließlich positiv geprägt. „Begriffe wie offen, zugänglich, freundlich, fröhlich, tolerant werden damit verbunden", betont Sommer. Der Karneval ist für ihn „ein ganz wichtiges Thema im Marketingplan".
Bekanntermaßen ist der Freitag nach Weiberfastnacht in Köln – karnevalistisch betrachtet – ein „toter" Tag, die klassische Ver-

Kneipenkarneval in der Session 2004/2005

Henkelmännchen International im Stadthaus im Jahre 2004

schnaufpause vor den tollen Tagen. Deshalb wollte es nie so recht gelingen, auswärtigen Besuchern ein „Paket“ von Übernachtungen und jeckem Programm von Donnerstag bis Rosenmontag schmackhaft zu machen. Da entstand bei Köln-Tourismus die Idee, diese Lücke am Freitag zu füllen mit „Henkelmännchen International“, der Party, bei der Kölner und Kölnbesucher auf Deutsch und Englisch gemeinsam Fastelovend feiern. Eine weitere Attraktion an diesem Freitag ist inzwischen der fabelhafte Sternmarsch der Stammtische und Veedelsgruppen zum Alter Markt.

Das Schöne am Karneval ist ja, dass er für jeden Geschmack etwas bietet. „Das reicht vom kleinen Mädchen, das am Rand des Veedelszochs steht und Kamelle fängt, bis zum stolzen Offizier im Rosenmontagszug“, formuliert es Markus Ritterbach vom Festkomitee des Kölner Karnevals. Es reicht auch von der Galasitzung im Smoking bis zum Härefröhschobbe und vom Korpsappell bis zur Stunksitzung, die sich eine große Anhängerschaft erobert hat. Freilich ist auch sie, die sich in den 80er Jahren als Parodie auf den steifen, traditionellen Sitzungskarneval, als bewusster gesellschaftlicher Tabubruch entwickelt hat, längst dort angekommen, wo sie den Gesellschaftskarneval einst spöttisch bloßzustellen versuchte: im Kommerz.

Es ist mehr als entlarvend, wenn – wie in der äußerst kurzen Session 2004/2005 – die Stunker ihre Sitzungen bereits vor Weihnachten beginnen mit der ausdrücklichen Begründung, dass sie sonst ihre Kosten nicht einspielen könnten. Das Etikett des alternativen, nicht kommerziellen Karnevals ist damit endgültig zerbröselt. Bei einer „fernsehkompatiblen Form der Comedy“ sei die Stunksitzung inzwischen angelangt, sagt Karnevalsmuseumsleiter Matthias von der Bank. Dies heißt freilich nicht, dass diese Sitzung ihre Berechtigung verloren hätte. In ihrer oft frechen Art, mit der sie andere und sich selbst auf die Schippe nimmt, darf sie in Teilen auch Vorbild sein. Sie ist, ob sie will oder nicht, längst ein Teil des Karnevalsbetriebs geworden. Es verträgt sich in Köln längst, hier und dort gleichzeitig Besucher zu sein (wie es etwa auch Markus Ritterbach ist).

Wo aber steuert der Karneval hin, gerade in wirtschaftlich schwierigen Zeiten? Was bleibt, was wird verschwinden? Der Straßen-, Kneipen-, Veedels-, Familienkarneval, „der wird nicht kaputtgehen", urteilt Dr. Johannes Kaußen. Er ist Programmgestalter der Kölnischen KG von 1945 und Leiter des Literarischen Komitees des Festkomitees, das den Nachwuchs für Bütt und Bühne fördern und schulen will. „Das steckt in den Leuten drin und ist urlebendig."

Und die traditionellen Sitzungen? „Wir sind an einem Scheideweg und stellen gerade die Weichen für die nächsten zehn Jahre", sagt Kaußen. Das meint er allumfassend. „Fünfeinhalb Stunden Sitzung mit Kalter Ente und einer Pause zwischendurch: Das war einmal. Ich glaube, das wird es am Ende des ersten Jahrzehnts im 3. Jahrtausend so nicht mehr geben." Seine persönliche Vision, wie sie bei der Kölnischen mit „KoSiBa" – Kostümsitzungsball – glänzend funktioniert, lautet: dreieinhalb Stunden Sitzung, anschließend Fete. Das beschert der Kölnischen übrigens deutlich jüngere Besucher als sonst. Ob dies das einzige Rezept für die Zukunft ist, sei dahingestellt: „Ich glaube, es werden sich mehrere neue Wege entwickeln, abgestimmt auf das jeweilige Publikum und die einzelnen Gesellschaften."

Rosenmontagszug im Jahre 2004

Hans Süper auf der Prinzenproklamation im Jahre 1990

Die Kumede der Kölsche Funke rut-wieß vun 1823 e.V. beim Regimentsexerzieren in der Session 2002/2003

Das sieht Heinz-Günther Hunold, Präsident der Roten Funken, ähnlich: „Der Sitzungskarneval muss facettenreicher werden. Bisher zelebrieren wir ihn mehr oder weniger in der gleichen Form und bedienen so auch das gleiche Publikum."
Es könne auch nicht dabei bleiben, sagt Kaußen, dass jede Sitzung die so genannten großen Vier (das „Kleeblatt" Bläck Fööss, Höhner, Paveier und Räuber) aufbieten müsse, damit sie als gelungen akzeptiert werde. „Das führt zu einem Einheitsbrei. Es kann auch nicht darum gehen, einen ganzen Abend ‚abzusingen'. Ich habe allerdings den Eindruck, dass der Trend dabei ist zu kippen. Es ist nach meiner Erfahrung tatsächlich möglich, auch ruhige Nummern ins Programm einzubauen."
An dieser Stelle sei hinzugefügt: Bei den Bläck Fööss sind einige bereits über 60 Jahre. Allein „biologisch" gesehen kann die Konstellation unter den Bands nicht auf ewig so bleiben wie jetzt. „Außerdem wird der Nachwuchsarbeit in den nächsten Jahren eine überragende Bedeutung zukommen. Dabei ist ein gesellschaftsübergreifendes Denken gefragt. Die Probleme sind nur in einer konzertierten Aktion zu lösen", sagt Kaußen.
An der Nachwuchsarbeit müssten auch die „Künstler der ersten Reihe" beteiligt werden, so Hunold: „Ich weiß, dass dazu auch Bereitschaft vorhanden ist. Die Besten können den Neulingen wertvolle Ratschläge geben und von ihren Erfahrungen berichten." So sollte etwa einer von den Bläck Fööss mit ins Literarische Komitee aufgenommen werden, meint Hunold. „Die Fööss brauchen keine Konkurrenz zu fürchten – die sind so begehrt, dass sie den Markt gar nicht bedienen können."
Patenschaften seien denkbar, mehr verspricht sich Heinz-Günther Hunold aber von regelrechten Stipendien, von professioneller Förderung für talentierten Nachwuchs. „Dafür müsste man ein festes Budget im Festkomitee einrichten."
Johannes Kaußen und Markus Ritterbach vom Festkomitee plädieren nachdrücklich auch für ein Mittel, das bei immer mehr Gesellschaften eingesetzt wird: den Auftritt von Leuten aus den eigenen Reihen. „Das", hat Ritterbach beobachtet, „kommt supergut an." Und es ist ebenso ein Mittel, die Kosten zu dämpfen, wie der Einsatz von Nachwuchskräften, die aus dem Literarischen Komitee kommen.
Wenn inzwischen auch renommierte Karnevalsgesellschaften Probleme hätten, ihre Sitzungen auszuverkaufen, liege das an den

zwangsläufig hohen Preisen, die für eine Kostendeckung nötig seien. Eine generelle Strukturkrise, sind sich Hans-Horst Engels vom Festkomitee wie Markus Ritterbach einig, erlebe der Kölner Karneval aber nicht. OB Fritz Schramma urteilt genauso: „Der Volkskarneval ist nicht kaputtzukriegen." Straßenkarneval, Veedelskarneval oder auch das Dreigestirn gehörten zu den Eckpfeilern des Volksfestes Karneval in Köln.

Funken-Präsident Hunold kritisiert, „dass immer mehr Firmen in den Markt drängen, für ihre Kunden und Mitarbeiter kostenlos Karnevalssitzungen organisieren und damit den kleinen und mittleren Karnevalsgesellschaften die Existenz wegsaugen. Wenn schon, dann sollten die Firmen die ortsansässigen Karnevalsgesellschaften mit der Durchführung der Sitzungen beauftragen", verlangt er. Gleichzeitig müsse man genau beobachten, wer am Karneval verdiene. „Wenn ein Ehrenamtler seine Position benutzt, um im Karneval Geld zu verdienen, dann verträgt sich das nicht. Das hat Geschmäckle. Da müssen wir uns positionieren."

Michael Pohl gehört zu der jungen Generation, die Verantwortung übernehmen will, kann – und darf. 2002 war er als Prinz Karneval in den Sälen unterwegs, inzwischen hat er Dieter Steffens als Präsident der Müllemer Junge abgelöst. „Junge Leute gewinnt man nur, wenn man sie früh in verantwortliche Positionen lässt", ist er überzeugt. Und dieser Prozess sei gerade flächendeckend im Gange.

Die in der Session 1999/2000 erstmals mitwirkende KG Colombina Colonia ist die einzige reine Frauen-Karnevalsgesellschaft im organisierten Kölner Karneval. Hier zu sehen auf einer Sitzung im Januar 2004.

Er habe es Dieter Steffens hoch angerechnet, dass er nach 34 Jahren als Präsident ihm dieses Amt ohne Wenn und Aber übertragen habe: „Dazu gehören Mut und Größe." Genauso klug habe Engels gehandelt, seine Nachfolge mit Weitsicht zu regeln.
„Der Karneval ist nicht in der Krise", glaubt Michael Pohl. „Man kriegt die jungen Leute mit den richtigen Rezepten." Bei den Müllemer Junge heißt das seit Anfang der 90er Jahre: Jugendsitzung – Tische und Stühle raus aus der Mülheimer Stadthalle, damit mittlerweile 2 000 Jugendliche begeistert zur Musik von kölschen Gruppen feiern können; ab halb zwölf steigt anschließend die Disko.
Jecker Nachwuchs: Der Grundstein dafür wird in den Schulen gelegt. Karnevalistische Schulsitzungen hält Bernd Assenmacher für ganz entscheidend, um die kölschen Pänz langfristig für den Karneval zu gewinnen. Der Baas der Freunde und Förderer des Kölnischen Brauchtums sagt aber auch: „Die Beziehung zum Karneval darf nach der Schule nicht abbrechen – da sind besonders die Karnevalsgesellschaften gefragt." Die gesamtstädtische Schulsitzung begeistert ihn immer wieder: „Wenn man sieht, mit welcher Freiheit, welchem Selbstbewusstsein die Kinder auf der Bühne stehen – einfach toll!"
Das vermittelt sich offenbar auch den Eltern. Den „Freunden und Förderern" sind zuletzt zahlreiche Väter und Mütter beigetreten, die mitverfolgt haben, mit welcher Begeisterung der eigene Nachwuchs bei der Sache ist. Das Ganze hat einen sehr erfreulichen Ef-

Sternmarsch auf dem Alter Markt am 20. Februar 2004

fekt: „Junge Mitglieder ziehen junge Leute nach. Unser Verein ist wirklich ein Schmölzgen."

Der Besuch der Schull- un Veedelszöch war in der jecken Familie Assenmacher „von Kindesbeinen an ein Muss", und Bernd Assenmacher ist außerordentlich angetan davon, wie sehr die Beliebtheit auch unter den jungen Teilnehmern zugenommen hat: „Das ist kein Selbstläufer, es ist aber auch nicht gerade mühevoll, die Schulen und Schüler dafür zu begeistern. Wir freuen uns auch über den enormen Zuspruch aus der Elternschaft."

Förderlich ist da natürlich die Liveübertragung der Zöch im WDR, die seit Mitte der 90er Jahre vereinbart wurde und inzwischen über die ganze Länge gilt: Keine Gruppe wird weggeschnitten. „Das ist zum einen eine glänzende Werbung für die Zöch und zum anderen eine wichtige Einnahmequelle zur Finanzierung des Schulmaterials, das wir zur Verfügung stellen." Lehrerhefte zum Kölsch lernen, Schulbücher zu Kölner Themen, Tonträger (und, außerhalb des Karnevals, Unterstützung von Martinszügen) und vieles mehr wird so für den Verein finanzierbar.

Nicht nur die Karnevalsgesellschaften, auch das Festkomitee selbst „steht vor neuen Aufgaben – und vor einem geänderten Selbstverständnis", betont Ritterbach. Einerseits will er das Festkomitee als Dienstleister für die angeschlossenen Gesellschaften entwickeln; so hat er beispielsweise 60 Schatzmeistern der Vereine Fortbildung zum Thema Künstlersozialkasse und GEMA angeboten.

Gesamtstädtische Schulsitzung des Vereins der Freunde und Förderer des Kölnischen Brauchtums e.V. im Friedrich-Wilhelm-Gymnasium, Session 2004/2005

Die Ehrenamtler in den Karnevalsgesellschaften sind dankbar auch für fachliche Informationen, damit sie sich in den immer komplizierteren steuerlichen Vorgaben zurechtfinden und die Karnevalsgesellschaften nicht unversehens wegen mangelnder fiskalischer Sachkenntnis in finanzielle Schieflage geraten.

Mindestens ebenso wichtig ist Ritterbach aber die Verbreitung des Bewusstseins, dass Karneval einen hohen kulturellen Wert darstellt und eben nicht dem Klischee entspricht, wonach der Fastelovend nur ein mühsam kaschiertes kollektives Besäufnis mit platten Witzen, sparsam bekleideten Tänzerinnen und kölnseligen, heimattümelnden Gesängen sei.

Szene aus den Schull- un Veedelszöch 2003

„Dem werden wir beispielsweise dadurch entgegentreten, dass wir unser Karnevalsmuseum strikt wissenschaftlich führen lassen und ein anspruchsvolles Ausstellungsprogramm entwickeln", sagt Ritterbach. Das geht weit über ein Sammelsurium von mehr oder weniger bedeutungsvollen Coloniensa mit karnevalistischem Anstrich hinaus. Dass dies kein leeres Gerede ist, zeigen auch die jüngsten Bemühungen um die wissenschaftliche Aufarbeitung der Vereinsgeschichte der Roten Funken und die Entwicklung eines Leitbilds für das älteste Traditionskorps im Kölner Karneval. Das bedeutet nichts weniger als die Anstrengung, sich innerhalb des Funkenkorps klar darüber zu werden, wie die Funken von außen wahrgenommen werden, „wie wir uns selbst definieren, wo historisch unsere Basis ist, welches die unverwechselbaren Wurzeln sind, die wir auf Dauer verankern wollen, und auf welchen Wegen das Vereinsleben abläuft", sagt Präsident Heinz-Günther Hunold. Mit anderen Worten: Die Roten Funken entwickeln nicht „nur" ein Leitbild, sondern auch einen Leitfaden für das Verhalten der Funken im Kölner Karneval. „Ich glaube, mit einem Leitbild kann man auch Entwicklungen steuern. Wir sind nicht die besoffenen Knallköppe an der Theke; wir wollen stolz sein auf unser Brauchtum. 170 Jahre Stadtsoldaten, 180 Jahre Rote Funken – das sind doch stattliche 350 Jahre in der Geschichte unserer Stadt", sagt Hunold selbstbewusst. Karnevalistisches städtisches Brauchtum als Kulturgut darzustellen, das ist auch Ziel gemeinsamer Bemühungen von Stadt und Festkomitee. Dass es dem stellvertretenden

Direktor des Kölner Stadtmuseums, Dr. Michael Euler-Schmidt, gelungen ist, den Historiker Marcus Leifeld nicht nur für die Aufarbeitung der Geschichte der Roten Funken einzustellen, sondern die ursprünglichen fünf Traditionskorps (neben den Roten also auch die Blauen Funken, Ehrengarde, Prinzen-Garde und Altstädter) als gemeinsamen Arbeitgeber von Leifeld zur wissenschaftlichen Darstellung ihrer Geschichte zu gewinnen, zeigt, wie ernsthaft dabei vorgegangen wird. Natürlich darf weiterhin mit leichtem Herzen Karneval in Köln gefeiert werden, aber künftig noch mehr als bisher unterfüttert mit wissenschaftlich belegter Tradition.

Hans-Horst Engels liegt besonders daran, den Kölner Karneval authentisch zu bewahren, ihn also auch eng mit der kölschen Sprache zu verknüpfen. Das ist nicht einfach angesichts des Drucks überregionaler Medien; Fernsehsender, die den Kölner Karneval bundesweit übertragen, haben ein Interesse am Dialekt, aber auch daran, dass man ihn von Flensburg bis München versteht. Auch die Profis unter den Musikern müssen an das Ganzjahresgeschäft denken; einige neigen dazu, ihre Lieder auf Hochdeutsch zu schreiben.

Da sieht Engels das Festkomitee in einer schwierigen Situation, weil es auf die Fernsehgelder angewiesen sei; andererseits definiere sich der Kölner Karneval auch über die kölsche Sproch. Auf ein

Dellbrücker Pänz auf der Bühne im Februar 2003

„Kölsch light" dürfe man sich nicht einlassen. Alle Karnevalsgesellschaften stünden in der Verantwortung, die kölsche Sprache mit ihrer Wärme, mit ihrem Hätz zu pflegen: „Wir sollten stolz und glücklich sein, dass wir sie haben."

Alle Gesellschaftsstrukturen befänden sich in einer Phase der Neuorientierung, nicht nur der Karneval, meint Hans-Horst Engels. „Die Menschen gehen heute beispielsweise in Talkshows ganz anders miteinander um als früher. Da geht es um Lautstärke, Stören, Unterbrechen, aus dem Konzept bringen. Im Fastelovend zeigt sich, dass es kaum noch Karnevalisten gibt, die über sich selbst lachen können. Es ist schick, sich über andere zu amüsieren."
Immer wieder hat Engels versucht, den Karnevalsgesellschaften klar zu machen, dass sie eine Solidargemeinschaft sein müssen, dass sie gemeinsam gegenüber Gastronomen und Künstlern auftreten müssen, dass die Nachwuchsförderung für die Bühne ihr gemeinsames, ureigenstes Interesse ist. „Dies zu vermitteln ist mir leider nicht durchschlagend gelungen. Wir sind die schönste Gesellschaft, sagen die einen, wir haben die größte Gruppe im Zoch, sagen die anderen, wir machen die dollste Sitzung, glauben die dritten, und so weiter. Dabei ist die Solidarität ein Zukunftsfaktor, der kommen muss!"
Zunehmend haben die Gesellschaften Schwierigkeiten, ihre Säle voll zu kriegen. Etliche sind in wirtschaftlichen Schwierigkeiten, eine (die KG Die Falkensteiner aus Kalk) hat sich sogar aufgelöst. Die KG tafaba beispielsweise stellte 2005 keine Sitzung mehr auf die Beine – eine Folge der gesellschaftlichen Entwicklung, dass ihre eigentliche Klientel, die Taxifahrer, in immer geringerem Maße aus dem christlichen Kulturkreis stammt und deshalb mit dem Karneval nicht viel anfangen kann. Oder die „Entensitzung" der Zeitungsgrossisten für ihre Geschäftspartner – viele Kioske haben heute Betreiber, die nicht aus dem karnevalistischen Milieu stammen. Und so ist auch diese Veranstaltung eingegangen. Muss sich der Kölner Karneval etwa gesundschrumpfen?
Von dieser These hält Engels gar nichts. „Jede Karnevalsgesellschaft hat ihre besonderen Facetten, ihr Profil, ihr besonderes Publikum, das sie pflegen muss und von dem sie leben kann. Deswegen bin ich auch andererseits gegen Neugründungen: Wir haben in Köln ein so großes Spektrum, dass sich jeder das aussuchen kann, was zu ihm passt."

Oberbürgermeister Fritz Schramma proklamiert das Dreigestirn der Session 2004/2005 im Kölner Gürzenich.

Was es im Kölner Karneval nicht mehr gibt – wie in der gesamten Gesellschaft –, das ist der allgemein respektierte Übervater, der sagt, wo's langgeht, die Leitfigur, wie es etwa ein Thomas Liessem oder ein Ferdi Leisten noch war. „Ein Übervater hätte auch gar keine Basis, keine Berechtigung mehr", betont Hans-Horst Engels. „Für einen Übervater sind die Zeiten heute zu ungemütlich." Festzuhalten bleibt also: Gewiss ist der Kölner Karneval wie vieles andere auch im Umbruch; er ist deutlich in einer Phase der Verjüngung. Weithin wird der Umbruch aber auch als Aufbruch, als Chance begriffen. Das Festkomitee wird zum Dienstleister an seinen Mitgliedsgesellschaften. Mittlerweile ist die gemeinnützige GmbH des Festkomitees ein mittelständisches Unternehmen mit Millionenumsatz und Aufsichtsrat. Die Organisation ist professioneller geworden, auch in den Gesellschaften, gleichzeitig macht der Karneval Schritte hin zum eigenen Ursprung (Stichwort: Sitzungen mit Kräften aus den eigenen Reihen). Die Sitzungen gehen insgesamt in eine neue Richtung, wie auch die allgemein bejubelte Proklamation des Dreigestirns 2005 angedeutet hat. Und nicht zuletzt entwickelt der Karneval ein neues Selbstverständnis, ein neues Selbstbewusstsein: Er ist ein wichtiges Kulturgut der Stadt Köln.

Redner und Musiker im Kölner Karneval

Das Festkomitee des Kölner Karnevals von 1823 e.V. beschäftigt sich intensiv mit der Entdeckung, Beratung und Förderung von Nachwuchskarnevalisten. Eigens dafür verantwortlich ist das Literarische Komitee, das bereits seit über 180 Jahren existiert.
Viele kölsche Stars sind einst vom Literarischen Komitee entdeckt worden, so auch die im Folgenden vorgestellten Künstler.

„De Klüngelköpp", fünf gestandene Musiker, die zwei Dinge maßgeblich miteinander verbindet: die Leidenschaft zur Musik sowie die tiefe Verbundenheit und Liebe zu ihrer Geburtsstadt Köln. Traditionsreiche Karnevals- und Stimmungsmusik, gepaart mit Einflüssen aus unterschiedlichen Musikstilen, so lautet ihr Erfolgsrezept.

Jörg und Horst Weber, **„Weber und Weber"**, pflegen ein musikalisches Zwiegespräch zwischen Vater und Sohn. Nach vielen professionellen Stationen im Karneval, Kabarett, Theater und Konzerten fanden sich Vater und Sohn zusammen, um diese klassische Konstellation des Duetts zu gründen. Horst Weber ist weit bekannt durch sein Mitwirken im erfolgreichen Henkelman-Duo, Jörg Weber ist deutschlandweit anerkannter Jazzgitarrist.

Hansgeorg Fuhrmann (links) und Roland Kulik, **„Fuhrmann & Kulik"**, pflegen die alte Tradition des Krätzchens.
Beide wurden, aus zwei völlig unterschiedlichen musikalischen Richtungen kommend, vom damaligen Leiter des Literarischen Komitees, Wolfgang Nagel, im Jahre 1995 entdeckt.

Rolf und Lydia Goliasch, **„Die Beckendorfer Knallköpp“**, ein Ehepaar im Zwiegespräch über die alltäglichen „kleinen“ und „großen“ Probleme. Die Goliaschs tragen ihre Rede in reinstem Kölsch vor. Im Jahr 2004 belegten sie den zweiten Platz in der WDR-Casting-Show „Ab in die Bütt“.

Dieter Dreesbach und Birgit Rüßmann, **„Hänsel und Gretel“**, singen kölsche Leeder mit Pep, Hätz und Siel. Birgit Rüßmann startete bereits mit acht Jahren ihre Sängerinnen-Laufbahn im Kinderkarneval, wo sie zusammen mit ihrem Vater, dem Musiker und Komponisten Schorsch Rüßmann, auf der Bühne stand. Dieter Dreesbach gründete nach seinem Musikstudium die Jet-Set-Band, mit der er als Keyboarder auf den Bühnen viele bekannte Künstler begleitete.

Dieter Röder, **„Ne Knallkopp“**, ein klassischer Büttenredner, der mit viel Witz und Humor über Erlebnisse, Begegnungen und Beobachtungen aus dem Alltag erzählt.

Henning Schmiing, **„Moped Manni“**, Sieger der WDR-Casting-Show „Ab in die Bütt 2004“. Ein rockiger, kölscher Typenredner, der mit seinen originellen und witzigen Büttenreden überzeugt.

Was Sie schon immer über den Kölner Karneval wissen wollten

Ilse Prass

Der Kölner Karneval lebt von seiner Vielfalt. Menschen verschiedenen Standes, unterschiedlicher Auffassung und aller Altersgruppen finden sich in gemeinsamem Frohsinn wieder und feiern in großer Gemeinschaft.
Damit sich die Kölner, Rheinländer und „Imis" (die auswärtigen Karnevalsfreunde) noch besser zurechtfinden, sind im Folgenden die wichtigsten Hintergrundinformationen rund um den Karneval aufgeführt.

Bützje werden im Karneval freigebig verteilt.

Alaaf

Alaaf ist ein Ausruf ähnlich wie „Hoch". Er ist entstanden aus dem kölschen „all af" (alles ab), was so viel bedeutet wie „Hoch lebe Köln" oder „Alles andere weg, Köln voraus". Man ruft Alaaf auf Köln, auf Personen, Gesellschaften und Begebenheiten aus. Es ist 1733 erstmals als Wahlspruch nachweisbar. Früher wurde es vielfach als Schlussruf einer Rede benutzt. Alaaf Kölle heißt so viel wie „Alles lobe Köln". Das „Kölle Alaaf" wird immer dreimal ausgerufen, wobei man gleichzeitig einen Arm schwungvoll nach oben wirft. Beachten Sie stets, dass der Kölner „Alaaf" ruft, jedes „Helau" kommt einer Kränkung gleich.

Aschermittwoch

Die Begriffe „Fastnacht" oder „Fastelabend" (in Köln „Fastelovend") weisen darauf hin, dass der Karneval unmittelbar vor Beginn der Fastenzeit gefeiert wird. An Aschermittwoch ist der Karneval vorüber und man besinnt sich wieder auf sich selbst. Zu Beginn der Fastenzeit empfangen die Katholiken das Aschenkreuz.
Am Abend des Aschermittwochs oder an den Folgetagen trifft man sich in den Karnevalsgesellschaften zum Abschluss der Session in Form eines gemeinsamen Fischessens.

Brauchtum

Brauchtum bedeutet, dass die traditionellen Werte gepflegt und den heutigen Gegebenheiten angepasst werden. Das Brauchtum lebt mit der Zeit, ohne mit der Vergangenheit zu brechen.

Bütt
Früher gehörte die Bütt, eine Art Rednerkanzel, auf jede Karnevalsbühne. In der Bütt konnten die Redner im übertragenen Sinne „schmutzige Wäsche" waschen: Man kritisierte die Obrigkeit und wies auf Missstände hin. Heute steigen allerdings nur noch wenige Redner in die Bütt, die meisten stehen lieber frei auf der Bühne.

Bützje
Ein Bützje ist ein Küsschen, das im Karneval jeder jedem gibt, den er irgendwie kennt oder auch nicht. Es ist nur freundschaftlich gemeint. Es wird auf die Wange gegeben, selten auf den Mund, jebützt wird auch nur in der Öffentlichkeit. Wenn es bei den Funken heißt „Ausschwärmen zum Bützen", freuen sich die Mädchen im Saal – sagen jedenfalls die Funken.

Corps à la suite
Ein Corps à la suite gibt es nur bei den Korpsgesellschaften. Seine Aufgabe besteht darin, das aktive Korps nach Kräften zu unterstützen und zu fördern. Die Mitglieder des Corps à la suite genießen eine Sonderstellung in ihrer Gesellschaft und unterstützen das Korps finanziell. Daraus ergibt sich, dass sich hier hauptsächlich Geschäftsleute zusammenfinden. Der wesentliche Unterschied zum Senat ist der, dass sie keinerlei Verpflichtungen in der Gesellschaft unterworfen sind.

Divertissementchen
Es handelt sich hierbei um eine Aufführung des Kölner Männer-Gesangvereins Cäcilia Wolkenburg während der Karnevalszeit im Opernhaus. Ein Divertissementchen ist ein heiteres, musikalisches Theaterstück. Laienspieler (nur Männer) stellen mit Humor und Ironie Themen aus der Kölner Geschichte mit aktuellem Bezug und untermalt mit kölschen Melodien dar.

Dreigestirn
Das Kölner Dreigestirn bildet mit Prinz, Bauer und Jungfrau eine Einheit. Anfang Januar wird es vom Oberbürgermeister der Stadt Köln proklamiert, der während der folgenden Session seine Macht an das Dreigestirn abgibt. Das Dreigestirn „herrscht" bis Karnevalsdienstag, 24 Uhr, über Köln. Es hat die Aufgabe, den Kölner Karneval und seine Vaterstadt Köln würdig zu repräsentieren, sowohl bei Karnevalsveranstaltungen wie auch bei offiziellen Besuchen während der Session. Damit leistet das Dreigestirn einen weit über den Karneval hinausgehenden Beitrag zur Kultur und zum Charakter der Stadt Köln.

● **Prinz**
Als 1823 der Karneval neu organisiert wurde, stellte man den „König (später: Held) Carneval" in den Mittelpunkt des Festes. Im Maskenzug trat er seinen Siegeszug gegen den „Griesgram" an. Nach der Reichsgründung 1871 wurde aus dem „Helden" der Prinz Karneval. Das Ornat des Prinzen ist der burgundischen Mode der zweiten Hälfte des 15. Jahrhunderts nachempfunden. Anfangs stellte man dem Prinzen die Prinzessin Venetia zur Seite, die wir, wenn auch sehr unregelmäßig, noch bis Anfang des 20. Jahrhunderts im Rosenmontagszug finden.

Bauer und Jungfrau gingen anfangs nur dann im Zug mit, wenn sie sich ins Thema einordnen ließen, und zwar unabhängig voneinander und unabhängig vom Prinzen. Seit 1883 bilden sie mit dem Prinz eine symbolische Einheit. Sie fahren aber bis heute getrennt vom Prinzen im Rosenmontagszug mit.

● **Bauer**
In der mittelalterlichen Symbolik steht der Bauer für die Mitgliedschaft Kölns in der Reichsbauernschaft. Daher der Spruch „Halt fass am Rich do kölsche Boor, mag et falle söß ov soor" (Halt fest am Reich du Kölner Bauer, ob es gut oder schlecht kommt). Später wurde der Bauer vom Schildhalter des Reiches zum Schildhalter der Stadt. Die Pfauenfedern auf seinem Hut gelten als das Symbol der Unsterblichkeit und versinnbildlichen hier den Fortbestand der freien Stadt Köln. Der Dreschflegel steht für die Wehrhaftigkeit der Stadt Köln. Am Gürtel trägt der Bauer die Stadtschlüssel, die ihm der Oberbürgermeister symbolisch bei der Proklamation übergibt. Die Figur des Bauern gibt es seit 1825 im Karneval.

● **Jungfrau**
Auch die Kölner Jungfrau ist eine Symbolfigur. Sie stellt die freie, unabhängige und keiner fremden Macht unterworfene Stadt Köln dar. Die Mauerkrone auf ihrem Kopf erinnert an die mittelalterliche Stadtmauer und symbolisiert die Unbesiegbarkeit der Stadt Köln. Im 19. Jahrhundert wurden die Frauenrollen bei Theater- oder Opernaufführungen immer von Männern übernommen. So auch die Rolle der kölschen Jungfrau. Diese Tradition hat sich bis heute erhalten. Lediglich die Nationalsozialisten erzwangen ab 1936 die Besetzung der Rolle durch Frauen.

Ehrenpräsident
Ein Ehrenpräsident ist meist der Vorgänger des amtierenden Präsidenten einer Karnevalsgesellschaft, der während seiner Präsidentschaft sehr viel für das Ansehen seiner Gesellschaft getan hat. Sein Wort hat immer noch Gewicht.

Elf
Die Zahl Elf ist das Symbol der Narren. Die Erklärungen dafür sind unterschiedlich. Als Zeichen der Gleichheit aller Narren steht bei der Elf die Eins neben der Eins, das heißt jeder Jeck unter der Narrenkappe soll eine selbstständige und gleichberechtigte Person sein. Die Elf hat aber auch einen politischen Bezug. Sie steht als Abkürzung für die Ideale der französischen Revolution: E = Egalité, L = Liberté und F = Fraternité (Gleichheit, Freiheit, Brüderlichkeit). Diese Auslegung ist wahrscheinlich, da die Stadt Köln von 1794 bis 1815 unter französischer Besatzung war. Andere Fastnachtsforscher betonen den religiösen Symbolgehalt der Elf. Den Christen gilt sie als „Zahl der Sünde", sie überschreitet das Zehnergesetz der Gebote und erreicht die „heilige Zwölf" nicht. Durch die Akzeptanz des Aschermittwochs überwindet der Narr jedoch letztlich die Sünde.

Elferrat
Auf der Sitzungsbühne sitzt der Elferrat mit dem Präsidenten im Ratsgestühl. Die Elferratsmitglieder gehören meist dem Vorstand der Gesellschaft an. Der Elferrat bildet einen würdigen Hintergrund beim Programmablauf. Er ist hervorgegangen aus dem „Festordnenden Comité" von 1823. Der damalige „Kleine Rat" wurde 1830 auf elf Mitglieder festgelegt.

Elfter im Elften
Der Karneval beginnt im November, dem Monat der Besinnung auf Tod und Vergänglichkeit. Das klingt für ein Freudenfest unlogisch, geht jedoch zurück auf die gefühlsbedingte und zeitliche Abfolge griechischer, römischer und germanischer Traditionen, denen man auch in unseren Tagen noch teilweise folgt.
Es fehlt dem Elften im Elften auch nicht an einer geschichtlichen Grundlage. In der gallischen Kirche bereitet der Advent nicht auf Weihnachten, sondern auf das damalige Hauptfest Epiphanie (6. Januar) vor. Der Advent war eine Fastenzeit, die am Martinstag (11. November) begann und 56 Tage dauerte.
Die Feier des Elften im Elften entwickelte sich erst in der zweiten Hälfte des 19. Jahrhunderts als feierliche Eröffnung der beginnenden Karnevalssession. An diesem Tag wird das Dreigestirn der kommenden Session der Öffentlichkeit vorgestellt, und die neuen Karnevalslieder werden öffentlich vorgetragen. Die Willi-Ostermann-Gesellschaft eröffnet die Session mit einer Straßensitzung in der Kölner Altstadt. Einzelne Gesellschaften halten „Elfter-im-Elften-Feiern" ab. Danach wird eine „Weihnachtspause" eingelegt, bevor der Karneval in der ersten Januarwoche mit der Proklamation des Dreigestirns in seine entscheidende Phase tritt.

Festkomitee des Kölner Karnevals
Die Kölner haben schon immer gerne und ausgelassen Karneval gefeiert. Mit der Zeit kam es allerdings zu unliebsamen Ausschweifungen, so dass das Fest auch teilweise verboten wurde. Um den Karneval wieder in geordnete Bahnen zu lenken, wurde 1823 das Festordnende Comité gegründet. Aus dem Festordnenden Comité wurde später das Festkomitee des Kölner Karnevals, das heute die Gesamt-Interessenvertretung des Kölner Karnevals ist. Ihm sind über 100 Kölner Karnevalsgesellschaften angeschlossen, vom großen Traditionskorps bis zur kleinen Familiengesellschaft.

Zu den wichtigsten Aufgaben des Festkomitees gehört es, übergeordnete Dinge auf den Weg zu bringen, wie zum Beispiel:
- *das Wahren von Traditionen, Pflege von Mund- und Eigenart im Karneval,*
- *Zusammenarbeit mit der Stadt Köln,*
- *Einbindung und Förderung der Jugend,*
- *Nachwuchsförderung für Bütt und Podium,*
- *Unterstützung und Betreuung der angeschlossenen Gesellschaften,*
- *Stellen und Betreuen des Dreigestirns,*
- *Durchführung der Prinzenproklamation, der Rundfunk- und Fernsehsitzung,*
- *Durchführung des Rosenmontagszuges sowie*
- *Organisation und Leitung des Karnevalsmuseums im Haus des Festkomitees.*

Das Festkomitee wird vertreten durch einen Gesamtvorstand von bis zu 18 Personen. Die Arbeit ist in Ressorts eingeteilt, wobei jeder Ressortleiter eigenverantwortlich arbeitet. Der Vorstand einschließlich des Präsidenten arbeitet ehrenamtlich. Im September 1999 hat das Festkomitee sein eigenes Haus am Maarweg in Köln-Braunsfeld bezogen. Hier sind die Verwaltung, die Zugleitung, die Wagenbauhallen und das Kölner Karnevalsmuseum unter einem Dach untergebracht.

Fischessen
Am Aschermittwoch oder auch am Freitag oder Samstag danach laden die Gesellschaften zum Fischessen ein. An den Fischessen, die ohne

Mütze und Orden stattfinden, können auch Gäste teilnehmen. An diesem Tag lässt man bei einem gemeinsamen Essen die vergangenen Veranstaltungen noch einmal Revue passieren und dankt allen ehrenamtlichen Helfern. Danach beginnen die Unentwegten schon wieder Pläne für die neue Session zu schmieden.

Freunde und Förderer des Kölnischen Brauchtums

Im Jahr 1932 wurde der Bürgerausschuss gegründet, um den ursprünglichen Volkskarneval zu erhalten. Aus diesem Gedanken heraus zogen 1933 erstmals die Veedelszöch durch Köln. Die Teilnehmer konnten ihre eigenen Ideen verwirklichen und Kostüme und Wagen in Eigenarbeit herstellen, im Gegensatz zum Rosenmontagszug, der vom Festkomitee organisiert wird. 1939 kam dann das Aus durch den Krieg. 1950 fand sich der Bürgerausschuss wieder zusammen und sieht seitdem seine Hauptaufgabe in der Unterstützung und Förderung der Schull- un Veedelszöch. Der Vorstand des Vereins steht den Schulen beratend zur Seite und unterstützt sie finanziell. Hierbei arbeitet man eng mit den Lyskircher Junge, die die ersten Kinderzüge nach dem Krieg ins Leben riefen, und dem Schulamt zusammen.
Seit 1994 heißt der Bürgerausschuss nach mehrmaliger Namensänderung „Freunde und Förderer des Kölnischen Brauchtums e.V." und widmet sich auch dem Erhalt des Brauchtums außerhalb der Karnevalszeit.

Gesellschaften

Es gibt im Festkomitee des Kölner Karnevals Korpsgesellschaften und Komiteegesellschaften. Die unterschiedlichen Gesellschaftsformen im Karneval haben durchaus einen Sinn. Sie sind notwendig, damit Menschen mit verschiedenen Interessen und Auffassungen im Karneval heimisch werden können.

Die **Korpsgesellschaften** sind uniformierte Gesellschaften mit Tanzkorps, Musikzug und überwiegend auch mit Reiterkorps. Sie haben alle einen historischen beziehungsweise militärischen Hintergrund. So gehen zum Beispiel die Roten Funken auf die ehemaligen Stadtsoldaten zurück. In diesen Gesellschaften können von der Struktur her keine Frauen Mitglied werden. Einzige Ausnahme ist das „Mariechen" während seiner aktiven Zeit.

In einer **Komiteegesellschaft** wird überwiegend Litewka getragen. An der Farbe von der Litewka und den entsprechenden Kragenaufschlägen kann man den Träger einer Gesellschaft zuordnen. Nicht in allen Gesellschaften können Frauen Mitglied werden. Aber unabhängig davon, ob Frauen aufgenommen werden oder nicht, fühlen die Gesellschaften sich als Familiengesellschaften, denn Frauen dürfen überall mitfeiern.

Großer Rat

In manchen Gesellschaften heißt der Senat auch „Großer Rat". Seine Mitglieder sind Ratsherren und unterstützen die Gesellschaft finanziell.

Großer Senat des Kölner Karnevals

Der Große Senat wurde 1954 gegründet. Seine Mitglieder sind alle angesehene und finanzkräftige Bürger, die den Kölner Karneval und das Festkomitee mit einem nicht unerheblichen Mitgliedsbeitrag unterstützen. Diese Damen und Herren üben einen nicht zu unterschätzenden positiven Einfluss auf den Kölner Karneval aus.
1983 beschloss die Mitgliederversammlung eine Änderung des Vereinszwecks unter dem Dach eines eingetragenen gemeinnützigen Vereins: „Heimatmuseum Köln". In der Satzung heißt es: „Zweck des Vereins ist die Einrichtung und Unterhaltung eines Heimatmuseums sowie die Sammlung und Ausstellung von Traditionsgut des Kölner Karnevals, dessen Pflege und Erhaltung."

Hofburg

Als Hofburg dient dem Kölner Dreigestirn seit 1971 ein Kölner Hotel in der Innenstadt. Dieses stellt dem Dreigestirn samt Prinzenführer, Adjutanten und Equipechef Jahr für Jahr von Anfang Januar bis Aschermittwoch kostenlos mehrere Zimmer zur Verfügung. Aus organisatorischen Gründen ist das gemeinsame Wohnen im Hotel notwendig.

Hoffriseur

Eine wichtige Aufgabe übernimmt auch der Hoffriseur. Er ist für die Perücke der Jungfrau zuständig, die nach schweißtreibenden Auftritten gewaschen und neu frisiert werden muss. Außerdem sorgt er dafür, dass das Dreigestirn ordentlich geschminkt ist. Morgens werden die Strapazen des Vortages weggeschminkt, und nach den einzelnen Auftritten werden die Lippen nachgezogen, Schminkflecken von bützenden Frauen und Schweißperlen, die sich unter dem Scheinwerferlicht nicht vermeiden lassen, abgetupft. Der Hoffriseur begleitet das Dreigestirn zu allen Auftritten, die in der Regel mittags in Altenheimen und auf Mädchensitzungen beginnen. In dieser Zeit fehlt er mit seiner Arbeitskraft im eigenen Salon. Trotzdem verrichtet er diese Aufgabe ehrenamtlich im Dienste des Kölner Dreigestirns.

Insignien des Dreigestirns

Seit der Reform des Karnevals ist die Pritsche zum Symbol der Narren geworden, in erster Linie zum Symbol des Prinzen, der sie über sein Narrenvolk schwingt. Mit der Übergabe der Pritsche wird der Prinz proklamiert.
Der Bauer trägt am Gürtel die Stadtschlüssel als Symbol der

Rechtsgewalt über die Stadt Köln. Zur ursprünglichen Bedeutung des Bauern passen sie nicht, man hat sie ihm erst später angedichtet, indem man ihn zum Helden der Schlacht bei Worringen erklärte und in ihm das Zeichen der Befreiung Kölns von der Herrschaft der Erzbischöfe sah.
Der Spiegel der Jungfrau ist erst in den letzten Jahren dazugekommen, als Zeichen der „weiblichen Eitelkeit". Er hat keine geschichtliche oder symbolische Bedeutung.

Jeck
Man kann ein Jeck sein oder man kann jeck sein. Jeck sein ist in Köln nichts Anrüchiges. Karneval sind alle mehr oder weniger jeck. So ist ein Fastelovendsjeck ein richtiger Karnevalsnarr. Das Losungswort im Karneval lautet: „Jeck loß Jeck elans (vorbei)". Aber auch außerhalb des Karnevals gehört das Wort „jeck" zur Kölner Umgangssprache. Man kann auf alles jeck sein, auf Köln, auf Karneval, auf Sport oder auf Urlaub. „Oberjeck" ist eine liebevolle Bezeichnung für den jeweiligen Festkomitee-Präsidenten.

Karnevalsmütze
Überall in Deutschland trägt man Karnevalsmützen, deren Urform aus Köln stammt. Sie wurde 1827 von dem preußischen Generalmajor von Czettritz und Neuhaus vorgeschlagen mit den Worten: „Gleiche Narren, gleiche Kappen".

Die Karnevalsmützen sind das Unterscheidungsmerkmal der einzelnen Gesellschaften. Der Insider kann jeden Mützenträger anhand von Farben, Emblemen und Initialen einer Gesellschaft zuordnen.
Im Elferrat wird meistens die „große Mütze" mit Federn getragen, die sich von der eigentlichen Gesellschaftsmütze unterscheidet. Nur Mitglieder und Ehrenmitglieder einer Gesellschaft tragen die Mütze dieser Gesellschaft. Wer Mitglied einer Gesellschaft ist, kann seine Mütze bei jeder Gesellschaft tragen, denn jeder trägt die Mütze seiner Gesellschaft mit Stolz.

Kinderdreigestirn
Um dem Kinderkarneval in Köln wieder eine größere Bedeutung zu verschaffen, führte der Festausschuss Ehrenfelder Karneval 1965 die erste Proklamation eines Kinderdreigestirns durch. Heute ist es aus dem Kölner Karneval nicht mehr wegzudenken.
Das Kinderdreigestirn wird von einem Standartenträger, Gardisten und Pagen im Grundschulalter begleitet, die von der Bürgergarde Blau-Gold gestellt werden. 1991 hat das Festkomitee des Kölner Karnevals die Schirmherrschaft über das Kinderdreigestirn übernommen, um ihm eine größere Wertigkeit im Karneval zu verleihen. Die Kinder werden einen Tag nach der Prinzenproklamation vom Festkomitee-Präsidenten im Beisein des Oberbürgermeisters proklamiert und erhalten nach der Session die seidene Ehrenmütze des Festkomitees zum Dank für ihren Einsatz.

Korpsappell
Korpsgesellschaften halten Anfang Januar einen Korpsappell ab. Es wird ein deftiges Essen gereicht und auch ein Programm geboten – vielfach aus den eigenen Reihen. Hauptsache ist, dass sich die Uniformierten zum ersten Mal in der Session in voller Montur vorstellen. Es werden Beförderungen in der karnevalistischen Laufbahn vorgenommen und neue Korpsmitglieder werden vereidigt.

Literat
Der Literat stellt das Programm für die Sitzungen zusammen, verpflichtet die Vortragenden und ist für den reibungslosen Ablauf des Programms verantwortlich. Das Schlimmste, was ihm passieren kann, ist die Verspätung eines Künstlers, dann gibt es ein „Loch" im Programm. Das kostet Nerven! Jetzt muss der Präsident improvisieren. Es werden Ehrengäste begrüßt und Spenden verlesen. Wenn nichts mehr hilft, spielt die Kapelle Schunkellieder, bis es weitergeht im Programm.

Literarisches Komitee
Das Literarische Komitee des Festkomitees des Kölner Karnevals wurde bereits 1824 gegründet und hat seit jeher die Aufgabe, qualifizierten Nachwuchs für karnevalistische Darbietungen ausfindig zu machen und zu fördern. Das Team von mehr als einem Dutzend Fachleuten in Sachen Mundart, Musik und Rede bittet den Nachwuchs in jedem Frühsommer darum, Demobänder oder CDs zu übersenden. Nach persönlichen Auswahlgesprächen wird die Zeit des Sommers genutzt, an Vorträgen zu arbeiten und sie zur Bühnenreife zu bringen. Die Besten erhalten Gelegenheit, ihr Können beim traditionellen Vorstellnachmittag des Festkomitees im Oktober eines jeden Jahres vor den Programmgestaltern der Karnevalsgesellschaften unter Beweis zu stellen. Manch ein kölscher Bühnenstar hat seine ersten Bühnenerfahrungen mit Unterstützung des Literarischen Komitees gesammelt.

Litewka
Die Litewka ist ein Uniformrock oder eine farbige Smokingjacke mit andersfarbigem Umschlagkragen. An der Litewka kann man – wie bei den Karnevalsmützen – anhand der Farbkombination den Träger einer Gesellschaft zuordnen.

Mariechen
Wirkliche Mariechen sind nur die Tänzerinnen der Funken. Die Gardisten haben eine Regimentstochter und das Reiterkorps Jan von Werth eine Marketenderin. Die Marie-

Mariechen und Tanzoffizier der Bürgergarde „blau-gold" von 1904 e.V.

chen-Rolle geht zurück auf die Marketenderin, die früher die Soldaten- und Söldnerheere begleitete und Lebensmittel und andere Dinge zum täglichen Bedarf anbot. Seit 1936 wird diese Rolle nur noch von Frauen dargestellt.
Bei nicht uniformierten Tanzgruppen haben die Vortänzerinnen meist Namen, die sich dem Thema und dem Namen der Gruppe anpassen, wie „Kathrinchen" (Schnüsse Tring), „Danälchen" = kleiner Fisch (Müllemer Schifferjunge) oder „Staubflöckchen" bei der KG Kölsche Domputzer.

Masken- oder Kostümball
Im Kölner Karneval werden keine Masken getragen, aber auf einem Maskenball ist ein Kostüm Pflicht, mindestens ein Karnevalshut. Auf Bällen gibt es kein Anrecht auf einen Sitzplatz, meist finden sie in mehreren Räumen mit mehreren Kapellen statt. In den Tanzpausen werden häufig Programmeinlagen geboten. Spätestens ab Mitternacht gibt es auf allen Bällen Kölsch. Die meisten Veranstalter bieten für die Jugend auch Diskomusik an.

Orden
Mit dem organisierten Karneval begann auch die Geschichte der Karnevalsorden. Ursprünglich waren sie als Persiflage auf die staatlichen und militärischen Orden der preußischen Obrigkeit gedacht. Heute sind die Orden zu einem begehrten Sammelobjekt geworden, und bei ihrer Verleihung ist nur noch wenig vom ursprünglichen Sinn spürbar. Ein

Beim Schunkeln und bei der Polonaise sind alle Jecken gleich.

Orden wird als Anerkennung für besondere Verdienste verliehen. Die Mitglieder einer Gesellschaft erhalten ihn, weil sie die Gesellschaft das ganze Jahr über unterstützen. Die auftretenden Künstler bekommen ihn – neben der Gage – für ihre Darbietung, und hochgestellten Persönlichkeiten dankt man damit für ihren Besuch bei der Gesellschaft. Orden kann man nicht kaufen, doch wer eine Gesellschaft mit einer Spende unterstützt (schwankende Mindestspende), wird mit einem Orden dekoriert.
Einen einmal verliehenen Orden kann man während der ganzen Session zu allen karnevalistischen Veranstaltungen tragen, sowohl zum Kostüm als auch zur Abendgarderobe. Das Tragen eines Ordens ist nicht an die Gesellschaft gebunden, die ihn verliehen hat. Orden aus vergangenen Jahren sollten Sie sich allerdings nicht mehr umhängen.

Präsident

Sagt man in Köln „Präsident", meint man einen Karnevalspräsidenten. Der Präsident ist in den meisten Fällen derjenige, der eine Karnevalssitzung leitet (fast immer ehrenamtlich) und der Gesellschaft vorsteht. In Ausnahmefällen gibt der Präsident die Sitzungsleitung an einen Sitzungsleiter ab. Man erkennt den Präsidenten daran, dass drei Federn und viele „Brilljanten" seine Mütze zieren. Zusätzlich weist diese auch noch ein „C" auf. Das „C" oder der Halbmond an der Präsidentenmütze hat eine ungewöhnliche Vorgeschichte: Während des Zweiten Weltkrieges hatte der damalige Präsident der Ehrengarde, Ferdi Leisten, ein solches mit Strass-Steinen besetztes „C" in einer Funduskiste des Theaters entdeckt. Es gefiel ihm so gut, dass er es an seine Präsidentenmütze steckte. Schon bald ließen sich auch andere Präsidenten so ein „C" für ihre Mütze anfertigen. Heute ziert es jede Präsidentenmütze, auch wenn ihre Träger oft nicht wissen, wie es dazu gekommen ist. Würdiges Insignium ist die Präsidentenkette; je nach Alter der Gesellschaft hat sie eine mehr oder weniger lange und traditionsreiche Geschichte vorzuweisen.
Wünschenswert ist, dass ein Präsident oder Sitzungsleiter aus den Reihen der Mitglieder hervorgeht, damit er mit dem Leben innerhalb der Gesellschaft vertraut ist. Er gehört dann dem geschäftsführenden Vorstand der Gesellschaft an und ist ein Duzfreund aller Mitglieder. Hat eine Gesellschaft in ihren Reihen kein geeignetes Mitglied für diese Aufgabe – schließlich muss ein Präsident redegewandt, kölsch, flexibel und abkömmlich sein –, wird ein Sitzungsleiter außerhalb der Gesellschaft gesucht. Meistens greift man auf erfahrene Präsidenten anderer Gesellschaften zurück und „leiht" sich diese aus.

Prinzenequipe

Das Dreigestirn wird bei allen offiziellen Auftritten von einer Prinzenequipe begleitet, die von der Prinzen-Garde gestellt wird. Täglich stehen 12 bis 15 Gardisten dem Dreigestirn zur Seite, um ihm ein würdiges Auftreten auf der Bühne zu verleihen. Die Gardisten wechseln öfters, damit alle einmal das Dreigestirn begleiten dürfen. Für die Zusammenstellung und einen reibungslosen Ablauf ist der Equipechef zuständig, der dieses Amt mehrere Jahre innehat und seinen Urlaub dafür opfert.

Prinzenführung

Der **Prinzenführer** hat die Aufgabe, den Terminplan für das Dreigestirn, der vom Festkomitee vorgegeben wird, minutiös umzusetzen. Dazu stehen dem Dreigestirn und der Equipe einige Fahrzeuge zur Verfügung, die stets in Kolonne fahren und mit Funk untereinander verbunden sind. Darüber hinaus hat der Prinzenführer die Aufgabe, das Dreigestirn auf die anstehenden Auftritte vorzubereiten. Er informiert darüber, was das Dreigestirn bei den einzelnen Gesellschaften erwartet, teilt Besonderheiten der Gesellschaften mit und sorgt für gute Kameradschaft und Stimmung in der Mannschaft.
Dem Dreigestirn stehen außerdem drei **Adjutanten** zur Seite, die ihm rund um die Uhr dienen. Sie helfen beim An- und Auskleiden und machen Fahrten und Besorgungen außerhalb der Auftrittszeit, zum Beispiel zu Reinigung, Schuster oder Apotheke. Die Adjutanten sind zuständig für das Tragen der Utensilien von Prinz und Bauer vor und nach den Auftritten.
Prinzenführer und Adjutanten übernachten während der Session in der Hofburg und opfern für dieses Ehrenamt oftmals ihren Jahresurlaub. Sie übernehmen dieses Amt alle für mehrere Jahre, denn das jeweilige Dreigestirn braucht erfahrene Helfer an seiner Seite.

Prinzenspange

Ein ganz besonders heiß begehrter Orden ist die Prinzenspange, die das jeweilige Dreigestirn entwirft und vergibt. Auch dieser Orden ist nicht „bezahlbar". Die Prinzenspange wird nur vom Dreigestirn vergeben.

Proklamation des Kölner Dreigestirns

Das größte gesellschaftliche Ereignis im Kölner Karneval ist die Proklamation des Kölner Dreigestirns im Gürzenich. Hier wird in der ersten Januarwoche das neue Dreigestirn in festlichem Rahmen vom Oberbürgermeister proklamiert. Dazu überreicht der Oberbürgermeister dem bis dahin designierten Dreigestirn die Insignien der Macht, dem Prinzen die Pritsche, dem Bauern den Stadtschlüssel und der Jungfrau den Spiegel. Prinz, Bauer und Jungfrau treten auf der Proklamation erstmals in vollem Ornat vor die Öffentlichkeit.

Rakete

Mit einer Rakete sollen besonders herausragende Leistungen auf der Bühne honoriert werden. Sie ist Ausdruck höchster Begeisterung. Der Präsident gibt die Kommandos dazu. Kommando eins: Man klatscht oder trommelt mit den Händen auf den Tisch, Kommando zwei: zusätzliches Trampeln der Füße auf den Boden, Kommando drei: Jeder pfeift so laut und so lange er kann. Dieses Ritual wird dreimal wiederholt und endet mit einem dreifachen „Kölle Alaaf". Danach haben sich die Gemüter beruhigt, und man ist wieder bereit zuzuhören.

Richtfest des Rosenmontagszuges

Die Arbeit für den Rosenmontagszug beginnt am Karnevalsdienstag der vorausgehenden Session, wenn das neue Motto vorgestellt wird. Nach diesem Motto werden die Entwürfe für die Wagen und die Fußgruppen erstellt. Stehen diese dann fest, kann im Oktober mit dem Wagenbau in den Hallen am Maarweg begonnen werden. Dazu werden mehr als 25 000 Arbeitsstunden benötigt. Einige Wagen fahren jedes Jahr im Zug mit, wie zum Beispiel der Prinzenwagen oder der von Bauer und Jungfrau. Diese Wagen müssen nur renoviert werden. Alle Motto- und Bagagewagen werden jedes Jahr neu gestaltet.
Ist diese Arbeit abgeschlossen, wird am Dienstag vor Karneval das Richtfest gefeiert. Alle Wagenbauer und Künstler sowie die Präsidenten der am Zug teilnehmenden Gesellschaften werden dazu eingeladen. In der Eventhalle am Maarweg wird bei Kölsch, Erbsensuppe und einem kleinen Programm die Fertigstellung des Zuges gefeiert. Hier haben nur geladene Gäste Zutritt.

Schunkeln

Beim Schunkeln sind alle Narren gleich. Man hakt sich beim Nachbarn ein, egal ob man ihn kennt oder nicht, und wiegt sich zum Rhythmus der Musik. Beim gemeinsamen Singen rheinischer und kölscher Lieder wird man zu einer einzigen Familie, die sich am nächsten Tag jedoch nicht unbedingt noch kennen muss.

Senat

Der Senat ist das finanzielle Rückgrat einer Gesellschaft. Auf Grund eines erhöhten Beitrags und ihrer Spendenfreudigkeit genießen die Senatoren besondere Privilegien in der Gesellschaft, zum Beispiel das Anrecht auf gute Plätze bei den Veranstaltungen.
Es gibt wenige Ausnahmen wie zum Beispiel bei der Großen von 1823. Dort ist jedes Mitglied Senator, und die Geldgeber sind die Mitglieder des Großen Rates.

Session

Die Session ist der Zeitabschnitt, in dem die Kölner Karnevalsgesellschaften ihre karnevalistischen Veranstaltungen abhalten. Die Session beginnt am Elften im Elften und endet am Karnevalsdienstag um 24 Uhr. Das Fischessen zählt nicht mehr zur Session.

Sitzungen

Der Kölner Karneval bietet uns eine große Palette verschiedener Sitzungen, die hier unter dem Sammelbegriff „Sitzungen" alphabetisch aufgeführt werden.

Wenn keine nähere Bezeichnung dabei ist, handelt es sich in Köln immer um eine Karnevalssitzung. Der Eintrittskarte kann man entnehmen, ob Abendanzug, Straßenanzug oder Kostüm erwünscht ist. Das Programm bietet Büttenredner, Musikgruppen, Sänger, Tanzgruppen und Traditionskorps. Höhepunkt einer jeden Sitzung ist der Besuch des Kölner Dreigestirns.

Der Unterschied zwischen Prunk-, Gala- und Fremdensitzung verwischt mehr und mehr. Prunksitzung besagte einmal, dass auf dieser Sitzung das Dreigestirn aufzieht. Heute besucht es auch die Gala- und Fremdensitzung. Umgekehrt gibt es auch Prunksitzungen ohne den Besuch des Dreigestirns. Auch eine Fremdensitzung wird nicht mehr in erster Linie für Fremde, also Auswärtige, in Hochdeutsch-Kölsch aufgezogen, und eine Galasitzung besagt nicht mehr, dass man im Smoking kommen muss. Zu den meisten Sitzungen kann man bedenkenlos im Kostüm kommen.

● Ein Angebot an die Jugend

Früher war es üblich, dass im Anschluss an eine Sitzung noch getanzt wurde. Heute sind die Programme meist so lang, dass die Gäste danach direkt nach Hause gehen. Darum ist eine Reihe von Gesellschaften dazu übergegangen, hauptsächlich mit Blick auf die jüngeren Besucher, Veranstaltungen anzubieten, in denen Programm und Tanz abwechseln. Diese Art der karnevalistischen Veranstaltungen wird von der Jugend begeistert angenommen.

● Herrensitzung

Die Herrensitzung ist die Urform der Sitzungen. Später kamen dann die Sitzungen mit Damen hinzu. Mitunter trifft man sich bei Herrensitzungen vor Programmbeginn zum Skatspiel im Saal. Man trägt Anzug oder als Mitglied einer Karnevalsgesellschaft Litewka und Mütze (kein Kostüm). Auf Herrensitzungen gibt es auch in den großen Sälen meistens Kölsch.

● Kinderstunksitzung

1993 hatte Dorothee Schmitz mit einigen Eltern die Idee. 1994 fand die erste Kinderstunksitzung im Kölner E-Werk unter ihrem damals 13 Jahre alten Präsidenten Paulus Müller statt. Dort tagte auch die Stunksitzung der Erwachsenen, und etliche der Paten dieser Kindersitzung kamen aus dem Umfeld der „Stunker". Auf der Bühne stehen nur Kinder und jedes Jahr gibt es einen neuen Präsidenten oder eine Präsidentin mit Elferrat.

● Kostümsitzungen

Steht auf der Eintrittskarte „Kostümsitzung", ist ein Kostüm erwünscht, aber nicht zwingend notwendig. Nicht jeder fühlt sich wohl im Kostüm. Da reicht auch mal ein Hütchen oder eine Blume im Haar beziehungsweise im Knopfloch. Man sollte jedoch keine zu großen Hüte tragen, da man damit dem Nachbarn die Sicht auf die Bühne versperrt. Auf Kostümsitzungen ist die Stimmung meist schnell auf dem Höhepunkt, da die Besucher sich freier fühlen.

● Mädchen- oder Damensitzungen

Die Mädchensitzungen entstanden aus den Hausfrauennachmittagen der 50er Jahre. Es ist ratsam, nicht alleine dorthin zu gehen, da sich hier überwiegend Grüppchen, Hausgemeinschaften, Kolleginnen oder Kegelschwestern treffen. Die Stimmung ist, da es immer Kostümsitzungen sind, von Anfang an sehr gut. Übrigens: „Mädchen" ist nicht an ein Alter gebunden!

● Pfarrsitzungen

Die Pfarrsitzungen haben ihren ganz besonderen Charme. Hier kennt man sich untereinander, eigentlich kennt jeder jeden. Viele Internas aus dem Gemeindeleben werden zum Besten gegeben. Oft steigt auch der Pastor, zur Freude der Gemeinde, in die Bütt oder die Frauengemeinschaft präsentiert sich mit selbst einstudierten Tänzen. Da diese Sitzungen meist im Gemeindesaal stattfinden, ist eine gemütliche Atmosphäre gesichert, und auch die Preise sind moderat.

● Prot's-Sitzung

Hinter diesem Namen verbirgt sich eine alternative protestantische Karnevalssitzung in der Auferstehungskirche im Görlinger Zentrum in Köln. Sie findet alle zwei Jahre statt.

● Rosa Sitzung

Im Jahre 1994 entstand in einer Gruppe von Freunden um Hella von Sinnen die neue Idee einer schwul-lesbischen Karnevalssitzung. Mit eigenen Ritualen und den Auftritten der „Rosa Funken" erfreut sie sich auch bei „Heteros" großer Beliebtheit.

● Schulsitzungen

Schon Anfang der 50er Jahre fanden die ersten Schulsitzungen statt, um die Kinder enger in den Karneval einzubinden. Beispielgebend ist hier die Schule Zugweg, in der seit 1951 regelmäßig Schulsitzungen stattfinden. Diese Sitzungen sind nur mit großem Engagement der Lehrerschaft möglich.

Die Programme kommen fast immer von den Kindern, die Reden, Lieder und Tänze vortragen, eingeübt mit Hilfe der Lehrer. Auch die Orden,

teilweise richtige kleine Kunstwerke, werden selber gefertigt. Vielfach stattet auch das Kinderdreigestirn einen Besuch ab.
Seit 1996 organisieren die Freunde und Förderer des Kölnischen Brauchtums e.V. die erste gesamtstädtische Schulsitzung mit dem Titel „Jecke Tön för jecke Pänz“. Bis heute findet diese Veranstaltung in der Aula des Friedrich-Wilhelm-Gymnasiums statt.

● Stunksitzung

Die Stunksitzung ist eine seit 1984 existierende kabarettistisch geprägte Karnevalsveranstaltung, gegründet von einem Kölner Studenten-Kollektiv, hervorgegangen aus dem Kölner Spielecircus. Mitbegründer ist der Kabarettist Jürgen Becker, der bis zu seinem Ausscheiden 1995 als „Irokesen-Heinz“ die Rolle des Präsidenten übernahm.

● tärää

Die tärää-Sitzung, die es seit 22 Jahren gibt, ist eine Jugendsitzung am Karnevalssonntag in der Flora. Sie wird von der tärää-Jugend, den Jugendsprechern im Festkomitee, für Jugendliche geplant und durchgeführt. Finanziell unterstützt wird sie von der Kölner Bank.
Dem Wunsch der jungen Leute entsprechend findet sie ohne Elferrat und Sitzplätze im Saal statt. Karten gibt es über die Kölner Bank.

● Ziegenbart-Sitzung

Seit der Session 2000/2001 gibt es diese Sitzung für Kinder im Dom-Brauhaus, bei der eine echte Ziege – an der Hand von Kabarettist Jürgen Becker – als Präsident herummeckert.

Tradition

Im Kölner Karneval spielen Traditionen eine große Rolle. Der Kölner lebt in diesen Traditionen und hält sie hoch. Spaßhaft heißt es, was mehr als zweimal stattgefunden hat, wird schon zur Tradition ernannt.

Tusch

Ein Tusch ist ein schmetterndes Musiksignal, das die Witze der Redner unterstreicht oder das Publikum zur Ruhe und zum Zuhören auffordert.

Verdienstorden

Diese Orden kann man sich wirklich nur verdienen. Man muss dafür über Jahre hinweg Überdurchschnittliches für den Karneval geleistet haben. Den Orden kann man dann bis an sein Lebensende tragen.

Mädchensitzung in der Session 2004/2005

Zeitlicher Ablauf der tollen Tage

Karneval ist ein bewegliches Fest. Der Termin richtet sich nach Ostern, denn am Aschermittwoch beginnt eine 40 Tage lange Fastenzeit, die mit der Osterwoche endet.
Wenn der Kölner wochenlang in den Sälen gefeiert hat, dann fiebert er nach dem Straßenkarneval, Straßenkarneval ist Freude pur. Die eigentlichen „tollen Tage" spielen sich von Donnerstag bis Dienstag überwiegend auf der Straße ab und sind traditionell mit Großveranstaltungen belegt.

Donnerstag Weiberfastnacht

Schon im Mittelalter wurde in den Kölner Klöstern, besonders in den Nonnenklöstern, am Donnerstag vor Karneval die Pfaffenfastnacht gefeiert. Dieser Karneval in den Klöstern hatte einen eigenen Namen, man nannte ihn „Mützenbestapelung" oder auf kölsch „Mötzebestot". Vielleicht setzten die Nonnen auf ihre Hauben eine Karnevalsmütze. Dieser „Mötzebestot" bildete auch den Inhalt der Weiberfastnacht auf den Straßen. Die Frauen rissen sich gegenseitig die Mützen vom Kopf. Früher wurden Frauen „unter die Haube" gebracht, das heißt, sie kamen ins Kloster oder sie heirateten. In beiden Fällen wurden sie dem Kreis ihrer Freundinnen entzogen, und so wehrte man sich auf närrische Weise dagegen. Die Pfaffenfastnacht verschwand mit dem Einmarsch der Franzosen und der damit verbundenen Säkularisation. Der Mötzebestot tobte jedoch unter den Marktfrauen auf dem Alter Markt weiter. Nach dem Zweiten Weltkrieg erfuhr die Weiberfastnacht durch die Zeitumstände eine Umgestaltung. Hatte sie sich vorher auf das Marktviertel beschränkt, so rückte sie nun in die Reihe der Hauptfesttage.
Weiberfastnacht gilt heute als das Startsignal für den Straßenkarneval. Dieser wird in verschiedenen Stadtteilen an zentralen Punkten durch die Gesellschaften vor Ort eröffnet. Seit 1954 veranstalten die Altstädter, die schon vor dem Krieg die Weiberfastnacht auf dem Alter Markt eröffneten, um 10 Uhr eine öffentliche Straßensitzung, auf der um 11 Uhr das Dreigestirn vorgestellt wird. Karten für die Tribünen gibt es ab 8 Uhr vor Ort. In vielen Betrieben geht es ab 11 Uhr 11 vom Arbeiten ins Feiern über, oder es ist ganz frei. In fast allen Kneipen und Brauhäusern wird Karneval gefeiert, und abends geht es in den Sälen weiter.

Freitag Sternmarsch

Seit 1998 findet Freitag nach Weiberfastnacht abends der Sternmarsch statt, als Dank an die Veedelsvereine, die sonntags in den Veedelszöch mitgehen. Er hat sich in dieser Zeit zu einer richtigen Familienfeier entwickelt. Die große Familie der kölschen Jecken feiert im Schatten des Doms unterm Sternenhimmel im Scheinwerferlicht gemeinsam Karneval. Aus fünf Richtungen ziehen ca. 1 600 kostümierte Teilnehmer und ca. 350 Musiker auf den Alter Markt. Den Zuschauern stehen die Tribünen und Plätze hinter den Absperrgittern kostenlos zur Verfügung. Neben den Auftritten bekannter Kölner Musikgruppen und des Dreigestirns findet die Prämierung der besten Tanzpaare statt. Der Sternmarsch ist eine Veranstaltung des Vereins „Freunde und Förderer des Kölnischen Brauchtums e.V.".

Samstag Funkenbiwak und Geisterzug

Das **Funkenbiwak** ist eine Veranstaltung der Roten Funken und gehört seit 1973 zum festen Programm im Kölner Karneval. Auf einer Bühne auf dem Kölner Neumarkt wird ein karnevalistisches Programm geboten. Die Musikzüge der befreundeten Gesellschaften ziehen auf, und das Dreigestirn ist anwesend. Auch für das leibliche Wohl ist gesorgt: Es gibt Erbsensuppe und Kölsch. Der Eintritt ist frei, man kann mit oder ohne Kostüm daran teilnehmen und auch Kinder mitbringen.
Auslöser für den **Geisterzug** am Karnevalssamstag war der wegen des Golfkrieges 1991 ausgefallene Rosenmontagszug. Im Februar 1992 fanden sich erstmals tausende von Teilnehmern zusammen, um diese neue und gleichzeitig alte Form des Karnevalsumzuges zu feiern. Der Zug soll sowohl karnevalistisch als auch politisch sein. Maskottchen des Geisterzuges ist der „Ähzebär", als Karnevalsmaske, die den Winter darstellt. Sowohl Pflanzen- als auch Tierwelt sind mit ihm im selben Kostüm dargestellt. Der Geisterzug nimmt jedes Jahr einen anderen Weg, den man der Tageszeitung entnehmen kann.

Sonntag Schull- un Veedelszöch

Eigentlich ist es nur ein Zug, der in zwei Abteilungen am Karnevalssonntag durch Köln zieht und den gleichen Weg wie der Rosenmontagszug nimmt. Die Veedelszöch gingen 1933 das erste Mal. Die Kölner wollten in einer Zeit, in der der Karneval politisch und organisatorisch immer mehr vereinnahmt wurde, dem echten Volkskarneval eine Chance geben. Auch heute noch stellen die Veedelszöch den ursprünglichen und natürlichen Volkskarneval dar. Hier ziehen Veedelsvereine, Stammtische, Kegelclubs, Sportvereine und ähnliche Gruppierungen in selbst genähten Kostümen und Wagen Marke Eigenbau mit. Die originellsten und besten Gruppen dürfen dann als Belohnung für ihre Arbeit am Rosenmontagszug teilnehmen
Die Schullzöch gibt es seit 1951. Sie

hießen anfangs noch „Kinderzüge". Man wollte die Kölner Kinder unterstützen, die gerade in wirtschaftlich und politisch schlechten Zeiten immer den Karneval auf der Straße hochhielten. Die Schullzöch, wie der Karneval überhaupt, sind heute zu einem festen Bestandteil des schulischen Lebens geworden. Auch hier entstehen Kostüme und Wagen in Eigenregie, gefördert und finanziert durch Elterninitiative sowie den Verein „Freunde und Förderer des Kölnischen Brauchtums ".

Montag Rosenmontagszug

Der Kölner Karneval ab 1823 kam zunächst ohne den Begriff „Rosenmontag" aus. 1831 legte man sich auf den „Rosemontag" (von „rasen/toben" kommend) fest.
Bis weit in das 19. Jahrhundert hinein war der Zug am Montag mit dem Terminus „Maskenzug" belegt. Heute nehmen etwa 10 750 Personen am Zug teil, außerdem 460 Reit- und Spannpferde und 119 Musikkapellen. Über drei Stunden rollt der Zug durch Köln und legt dabei etwa 6,5 km bei einer Zuglänge von 7 km zurück. Er setzt sich zusammen aus etwa 102 Gruppen mit genauso vielen Fest- und Bagagewagen. Mit dem Bau der Wagen wird im Oktober begonnen. Dazu werden ca. 25 000 Arbeitsstunden benötigt. Die Zugteilnehmer erhalten, bis auf die uniformierten Gesellschaften, die Kostüme aus der Kostümkammer des Festkomitees ausgeliehen, im Ganzen über 10 000 Kostümteile. Es werden über 140 Tonnen Süßigkeiten („Kamelle") geworfen, die jeder Zugteilnehmer selber bezahlt. Je nach Wetterlage stehen über eine Million Zuschauer am Zugweg. Die Wegbeschreibung der Züge findet man auf der Internetseite des Festkomitees (www.koelnerkarneval.de) oder in der Tageszeitung. Tribünenkarten gibt es über den Kartenbus auf dem Neumarkt. Der Zug setzt sich gegen 11 Uhr in Bewegung.

Dienstag Stadtteilumzüge und Nubbelverbrennung

Der Karnevalsdienstag hatte in Köln ursprünglich nur wenig Bedeutung. Wirklich aufgewertet haben ihn nach dem Zweiten Weltkrieg die Stadtteile und Vororte durch eigene Züge. Inzwischen sind die **Vorort- und Stadtteilzüge** nicht mehr unbedingt auf den Dienstag festgelegt. Zu diesen Zügen schließen sich Schulen und Ortsvereine mit den ortsansässigen Karnevalsgesellschaften zusammen. Die Züge, die die Stadtteilprobleme persiflieren, werden immer größer und beliebter, besonders bei Familien mit kleinen Kindern. Einige Vororte, die erst später durch Eingemeindung zu Köln gekommen sind (zum Beispiel Rodenkirchen, Worringen, Porz, Lövenich) stellen ein eigenes Dreigestirn, das im jeweiligen Zug mitgeht. In den letzten Jahren hat es sich durchgesetzt, dass das Kölner Dreigestirn auf Wunsch in dem Stadtteil, in dem seine Karnevalsgesellschaft zu Hause ist, noch einmal im Dienstagszug mitgehen kann.
Den Abschluss und den Kehraus des Karnevals bildet die **Nubbelverbrennung** am Karnevalsdienstag um 24 Uhr. In der Nacht vor Aschermittwoch stirbt der Nubbel stellvertretend und als Sühne für alle „Sünden", die im Karneval begangen wurden. Die Nubbelverbrennung geht auf einen alten Kirmesbrauch zurück. Während der Karnevalstage hängt der Nubbel in Form einer Strohpuppe über Kneipentüren oder an Hausgiebeln. Er wird Karnevalsdienstag unter großem Wehklagen, das mehr und mehr in wüste Beschimpfungen übergeht, von den Kneipengästen zu Grabe getragen oder verbrannt. Symbolisch wird damit der Karneval begraben, denn am Aschermittwoch ist alles vorbei.

Nubbelverbrennung

Anmerkungen zum Beitrag: „Zur Entstehungsgeschichte des Kölner Karnevalsmuseums“

1. Westdeutscher Beobachter, Nr. 66 v. 6. Februar 1938
2. Ebd.
3. Den „Festausschuß Kölner Karneval“ gab es seit 1935. Durch Beschluss einer außerordentlichen Generalversammlung aller dem „Festausschuß“ angeschlossenen Gesellschaften am 3. Februar 1957 wurde der „über hundert Jahre“ tradierte Name „Festkomitee des Kölner Karnevals von 1823 e.V.“ erneuert.
4. Festkomitee-Archiv, Unterlagen etc. 25.7.1947. Peter Horatz beginnt als „Archivar“ des Festausschusses.
5. Ebd., „Ordnung für das Archiv des Festausschusses (Festkomitee) d. Kölner Karnevals“. Das Programm wird am 1.7.1947 beschlossen und genehmigt.
6. Das „Amt für Kölnisches Brauchtum“ war zunächst beim „Rheinischen und Historischen Museum“ Deutz, Urbanstr. 20–24 angesiedelt.
7. Katalog „Köln 1 900 Jahre Stadt. Aufsätze und Bilder zur Stadtgeschichte“. Köln 1950.
8. Schwering: Fastelovend braun gefärbt. (Links v. Dom, rechts v. Dom, rechts. v. Dom). 2. Kölner Lesebuch. Hrsg. v. J. Arlt, 1988, S. 104–107; ders.: Kölner Karneval. 3. Tl. Die Geschichte d. Kölner Karnevals. Köln 1997, S. 226/27 (Abb.); Schwienhorst-Meier: Karneval im „Dritten Reich“ unter besonderer Berücksichtigung d. Stadt Köln. Ms. Berlin 1983.
9. Katalog 1954. Rheinisches u. Historisches Museum
10. Schwering: Zur Geschichte d. Kölnischen Fastnacht. Festschrift „Haus des Kölner Karnevals“. Hrsg. anlässlich d. Eröffnung am 11. Nov. 1967 v. Festkomitee Kölner Karneval von 1823 e.V., S. 5.
11. Ebd.
12. J. Klersch: Die Kölnische Fastnacht von ihren Anfängen bis zur Gegenwart. Köln 1961.
13. So Matthias von der Bank u. Axel Schwarz (Hrsg.): 50 Jahre „Großer Senat“ des Kölner Karnevals 2005. Darin: Der Weg zum Karnevalsmuseum – Geschichte und Konzept (M. von der Bank), S. 16.
14. Festkomiteepräsidenten: Ferdi Leisten 1963–1973, Franz Pohl 1973–1979, Heiner Mühr 1979–1982, R. B. Assenmacher 1982–1987, Rudi Hermann 1988–1989, Gisbert Brovot 1989–1994, ab 1994 Hans-Horst Engels (bis 2005).
15. 50 Jahre Großer Senat (siehe Anm. 13.), darin: Jan Brügelmann: Die Geschichte des „Großen Senat“. Vom Bürgerausschuss zum Großen Senat, S. 9 ff.
16. Kölnisches Stadtmuseum, Masken und Narren. Traditionen der Fastnacht. Ausstellung 9. November 1972–6. März 1973, Katalog.
17. Ebd. S. 6.
18. Archiv Karnevalsmuseum, „Ein Auftakt nach Maß“ (Teilabdruck des v. Borger gehaltenen Vortrages ohne Angabe d. Herkunft), Kommentar d. Kölnischen Rundschau v. 21.10.1981 (E. Greis), Kölner Stadt-Anzeiger Nr. 245/14 v. 21.10.1981 (K. Zöller).
19. Kölner Museumsführer (hrsg. v. Peter Noelke), Köln 1987, S. 316 (G. Wilczek).
20. Verhandlung d. Stadtverordnetenvers. zu Köln, 32. Sitzung v. 13. Juli 1888, S. 253.
21. Ebd. ff.
22. Die Niederlegung d. mittelalterl. Stadtmauer begann am 11. Juni 1881 (Gereonshoftor). In einer Denkschrift v. 22. Nov. 1864 hatte der Stadtverordnete Biercher den Vorschlag gemacht, die Mauer niederzulegen bis auf wenige Stadttore, des „antiquarischen Wertes“ wegen.
23. s. Anm. 20
24. Verhandlung d. Stadtverordnetenvers. zu Köln, 35. Sitzung v. 9. August 1888, S. 280.
25. Ebd.
26. HAStK 1889/611/2-4-5 handschriftlich. Auch Abschrift (maschinenschriftl.).
27. Ebd.
28. Ebd. 1890 (22) ABT 47–52, NR 326, Fasz. 22–24 handschriftlich (7. März 1890, gez. Der Oberbürgermeister Becker). Auch Abschrift (maschinenschriftl.).
29. B. Alexander: „Nicht das wichtigste Museum in Köln, aber das wichtigste für Köln“. Eine kleine Chronik v. 111 Jahren Kölnisches Stadtmuseum. (= „Wie Zeit vergeht“, Köln 1999), S. 207.
30. Erworben am 21. Jan. 1999. Inv.-Nr. HMK (Heimatmuseum Köln) 2000/0040–0052.
31. HM (Histor. Museum), 1892/19 Wimpel der Ehrengarde, HM 1832/32 Reiter aus Ton
32. J. Hansen: Historisches Museum der Stadt Cöln. Allg. Führer etc., Cöln 1902, S. 5.; ders.: Das Historische Museum (Die Stadt Köln im ersten Jhdt. unter Preußischer Herrschaft 1815–1915, hrsg. v. d. Stadt Cöln. Zweiter Bd. etc., Cöln 1915), S. 184 ff.
33. B. Alexander, a.a.O. (s. Anm. 29)
34. Todesanzeige Pabst, Kölnische Zeitung v. 13. Februar 1896, Nr. 139: „Nach längerem Leiden verstarb i. d. Provinzial Heilanstalt zu Grafenberg v. Düsseldorf. d. Museumsdirektor Arthur Pabst.“
35. Joseph Hansen, geb. in Aachen am 26.4.1862, gest. 29.6.1943 (Fliegeropfer). Dr.phil., Dr.jur. h.c., Geheimer Reg. Rat, Direktor des Historischen Archivs der Stadt Köln etc. Zu den biographischen Daten: R. Steimel (= Kölner Köpfe, 1958 Sp. 165).
36. Hansen, a.a.O. (Anm. 32)
37. Verhandlung d. Stadtverordnetenvers. zu Cöln, 3. Sitzung v. 26.

Januar 1899, S. 15, „Verwendung der Eigelsteinthorburg f. Zwecke d. historischen Museums".
38. Ebd. S. 16 u. Histor. Museum, Allg. Führer (Anm. 32), S. 42.
39. Ebd. (Allg. Führer, S. 43)
40. KSM 1899/159.
41. Verhandlung d. Stadtverordnetenvers. zu Cöln, 6. Sitzung v. 14. u. 15. Febr. 1901, S. 55.
42. HAStK Best. 611, Nr. 20, Akten Spec. betr. Statistik u. Veröffentlichungen bezüglich d. Historischen Museums (Entwurf Hansen) v. 28. Januar 1901 (handschriftlich u. maschinenschriftl. Kopie)
43. S. Anm. 30.
44. S. Anm. 26.
45. B. Alexander, a.a.O.
46. Städtische Ausstellung Alt- u. Neu-Cöln 1914, Historisches Museum, S. 401 (J. Hansen).
47. Ebd. S. 402.
48. s. Anm. 32, Das Historische Museum (J. Hansen), S. 184 ff.
49. Ebd.
50. Archiv Kölner Karnevalsmuseum, o. Nr., Art. Flugblatt, zweiseitig. 1. Seite oben links: Der Bürgerausschuß zur Förderung des Cölner Rosenmontagszuges. Cöln, den 4. Januar 1913. Es folgen unter d. OB Wallraf als Vorsitzender die Namen d. Stadteliten – so J. Klersch d. Verfasser gegenüber.
51. Ebd. S. 187 u. Verhandlung d. Stadtverordnetenvers., 3. Sitzung v. 26. Jan. 1899, S. 15, „Verwendung der Eigelsteinthorburg f. Zwecke d. Historischen Museums". J. Hansen als Befürworter, S. 16 ff.
52. Hansen, Das Historische Museum (s. Anm. 32), S. 190.
53. Im häufigen Gespräch mit dem Autor war davon immer wieder die Rede.
54. Katalog zur Jahrtausend-Ausstellung d. Rheinlande, Mai – Juni – Juli – August, Köln 1925, Raum 52; J. Klersch: Karneval, S. 418 ff.
55. Klersch, J.: Volkstum und Volksleben in Köln. Ein Beitrag zur historischen Soziologie der Stadt. Bd. 1–3, 1965–68.
56. Katalog zur Jahrtausend-Ausstellung d. Rheinlande, Köln 1925, S. 419 (Raum 52).
57. Noch heute tragen viele Signaturen des Karnevalsfundus im Kölnischen Stadtmuseum die Handschrift Klerschs.
58. Verhandlung d. Stadtverordneten-Versammlung zu Köln, 1. Sitzung v. 8.1.1925, S. 28, „Anstellung v. Dr. Wilhelm Ewald als Direktor d. Stadtgeschichtlichen Museums v. 1. Januar 1925 an".
59. Deutz – Die Geschichte eines Vorortes (= W. Jüttner), Ausstellungskatalog Köln 1955, S. 42. Großstadt im Aufbruch – Köln 1888, Ausstellung des Historischen Archivs d. Stadt Köln, 15. April–1. Juli 1988 (= Deutz Festungs-, Garnisons- u. Beamtenstadt, Verkehrsknotenpunkt u. Industriestandort), S. 129. 1818/19 wurde nördlich der säkularisierten Heribertsabtei eine Kaserne für das 4. Dragonerregiment errichtet. Es verließ Deutz 1848. Seit 1850 wurde diese Kaserne vom Kürassierrgt. Nr. 8 belegt (Graf Geßler).
60. Als „Haus der Rheinischen Heimat" 1936 eröffnet, informiert nur der Untertitel eines der raren Faltblätter über das Programm: „Museum für Volkstum, Geschichte und Kultur des Rheinlandes". In den fünf genannten Hauptabteilungen ist das „Volkstum", zu dem auch der kölnisch-rheinische Karneval zu zählen wäre, nicht genannt. Wohl ist ein „Schützen-Königsschild" dargestellt (S. 7), da sich Wilhelm Ewald für die volkstümliche Korporation der Schützen forschend engagierte. Doch blieb dem vor allem in der Siegelforschung tätigen Gelehrten der Kölner Karneval weit gehend verschlossen. Das „Haus der Rheinischen Heimat" wurde im Krieg fast vollständig zerstört. Als „Rheinisches Museum" wurde es in den provisorisch hergerichteten Räumen am 18. Juni 1953 wiedereröffnet (8. Sitzung d. Kölner Stadtverordneten v. 18. Juni 1953, S. 11). Unter dem neuen Namen „Kölnisches Stadtmuseum" wurde es 1958 nach Wiederaufbau des Zeughauses nach dort verlegt.
61. Wie erwähnt, waren Kunstgewerbe- u. Historisches Museum gleichzeitig gegründet worden. Arthur Pabst war erster Direktor für beide Institutionen.
62. Kölner Stadt-Anzeiger, 6. Januar 1933, Nr. 11, Drittes Blatt. Lokal-Anzeiger, 6. Januar 1933, Nr. 9, S. 6, und andere.
63. Programmheft u. Ausstellungskatalog „111 Jahre Kölner Karneval", Kunstgewerbemuseum d. Stadt Köln, Januar–Februar 1933. Abendveranstaltungen quer durch den Fasteleer, S. 14–28 werden 19 Programmfolgen angeboten.
64. Museumsdirektor Dr. With im Vorwort S. 3.
65. S. Anm. 62.
66. Das Historische Museum konnte um jene Zeit bereits mit einem stattlichen Fundus zum Kölner Karneval brillieren, vor allem mit älteren Exponaten. Die Zugangsnummern auf grafischen Blättern, der Ordenssammlung, den Textilien und der Porträtsammlung weisen darauf hin. Auf Leihgaben der Gesellschaften konnte weit gehend verzichtet werden.
67. J. Klersch, Programmheft S. 4.
68. H.P. Schwarz: Adenauer. Bd. 1. Der Aufstieg 1876–1952. München 1994, S. 202. Die Rheinlandbewegung 1918/19 ff., S. 289.
69. J. Klersch, s. Anm. 67.
70. Jan Brügelmann, a.a.O. (s. Anm. 15)
71. J. Klersch, a.a.O., Die Kölnische Fastnacht, S. 30 ff., S. 43, 45, 46, 47, 49 ff., S. 60, 62, usf.
72. Ulrich Krings (Hrsg.): Via Culturalis, Köln 2004 (2. Auflage).
73. J. Klersch, a.a.O., S. 40/41, 46/47 etc.
74. Oelsner, W.: Fest der Sehnsüchte. Köln 2004.

Die Autoren

Matthias von der Bank, M.A., geboren 1967, studierte Kunstgeschichte und Geschichte. Seit 1995 arbeitete er am Stadtmuseum Bonn, bevor er im Jahr 2000 die Leitung des Kölner Karnevalsmuseums übernahm.

Dr. Michael Euler-Schmidt, geboren 1953. Studierte Kunstgeschichte, Germanistik und Theaterwissenschaften. Er ist stellvertretender Direktor und Leiter der Abteilung Brauchtum des Kölnischen Stadtmuseums. Zahlreiche Veröffentlichungen zur Kunst und Geschichte in Köln.

Anne-Doris Fluck, geboren 1959, studierte Innenarchitektur in Wiesbaden. Seit 1989 freiberufliche Innenarchitektin, seit 1997 eigenes Büro in Köln/Bonn. Sie arbeitet im Bereich Ausstellungsgestaltung, Ladenbau und plant Umbauten von Geschäfts- und Wohnräumen. Schwerpunkt ihrer Arbeit ist die Entwicklung von Ausstellungsarchitekturen für Museen.

Prof. Dr. Werner Mezger lehrt Europäische Ethnologie an der Universität Freiburg i. Br. und ist Direktor des Freiburger Johannes-Künzig-Instituts für ostdeutsche Volkskunde. Zahlreiche Publikationen zu Fastnacht, Fasching und Karneval, seit 1992 Moderator vieler Sendungen über Feste und Bräuche im SWR-Fernsehen.

Wolfgang Oelsner, geboren 1949, verfasste zahlreiche Publikationen, Fernseh- und Rundfunkbeiträge zum Thema Karneval. Seit 1966 ist er selbst im Kölner Karneval aktiv. Wolfgang Oelsner ist Schulleiter in Köln.

Ilse Prass, gebürtige Kölnerin und Mutter von drei Kindern, befasst sich schon von Jugend an mit Stadtgeschichte, Karneval und Mundart und veröffentlichte zahlreiche Beiträge und Bücher zu diesem Themenkreis. Seit 1990 ist sie Mitglied im Vorstand des Festkomitees Kölner Karneval.

Dr. Max-Leo Schwering, geboren 1924 in Köln, war vierzig Jahre in führender Position im Kölnischen Stadtmuseum tätig. Er ist mit zahlreichen Publikationen zur kölnischen und rheinischen Geschichte hervorgetreten.

Stefan Volberg wurde 1951 in Köln geboren. Er studierte Chemie und arbeitet seit 1978 in der Kölner Lokalredaktion der Kölnischen Rundschau. Seine Themenschwerpunkte sind Kirche, Brauchtum, Karneval, Kölsches und Stadtgeschichte.

Irina Weißbrod, Dipl.-Ing. Architektin, geboren 1971 in Leverkusen. Sie studierte von 1990 bis 1996 Architektur an der RWTH Aachen und ist seit 1997 als freie Mitarbeiterin für das Architekturbüro Kottmair tätig, unter anderem in den Bereichen Wettbewerb, Entwurf, Werkplanung, Ausführungsplanung und Öffentlichkeitsarbeit.

Literatur in Auswahl

Assenmacher, Ralf Bernd/Michael Euler-Schmidt/Werner Schäfke: 175 Jahre … und immer wieder Karneval, Köln 1997

von der Bank, Matthias/Axel Schwarz (Hrsg.): 50 Jahre Großer Senat des Kölner Karnevals, Köln 2005

Brog, Hildegard: Was auch passiert: D'r Zoch kütt! Die Geschichte des rheinischen Karnevals, Frankfurt/New York 2000

Euler-Schmidt, Michael: Kölner Maskenzüge 1823-1914, Köln 1991

Frohn, Christina: Der organisierte Narr, Marburg 2000 (mit umfangreichem Schriftenverzeichnis)

Fuchs, Peter/Max-Leo Schwering/Klaus Zöller/Wolfgang Oelsner: Kölner Karneval. Seine Bräuche, seine Akteure, seine Geschichte. 175 Jahre Festkomitee des Kölner Karnevals von 1823 e.V., Köln 1997

Goethe, Johann W. von: Das Römische Carneval, Frankfurt 1995

Katzmarzik, Anja/Silke Palm: Frauen, Weiber, Karneval. Kleine Geschichte der Frauen im Fastelovend. Köln 2001

Louis, Reinhold: Kölnischer Liederschatz. Wat kölsche Leedcher vun Kölle verzälle, Köln 1986

Mezger, Werner: Das Große Buch der Rottweiler Fastnacht, Vöhrenbach 2004

Mezger, Werner: Das Große Buch der schwäbisch-alemannischen Fasnet, Stuttgart 1999

Moser, Dietz-Rüdiger: Fastnacht – Fasching – Karneval. Das Fest der „Verkehrten Welt“, Graz/Wien/Köln 1986

Oelsner, Wolfgang: Fest der Sehnsüchte. Warum Menschen Karneval brauchen. Psychologie, Kultur und Unkultur des Narrenfests, Köln 2004

Oelsner, Wolfgang/Rudolph Rainer: Karneval ohne Maske, Köln 1987

Schmidt, Klaus: Franz Raveaux. Karnevalist und Pionier des demokratischen Aufbruchs in Deutschland, Köln 2001

Tewes, Frank/Heribert Rösgen (Hrsg.): „Dat wor et … 1997ff. Die Kölsche Sessions-Chronik, Köln 1997ff.

Bildnachweis

Soweit nicht anders angegeben: Verein Heimatmuseum Köln e.V./Großer Senat (Foto: Fuis Fotografie, Köln)

Architekturbüro Kottmair S. 89, 90, 93, 95

Archiv Kölsche Funke rut-wieß vun 1823 e.V. (Foto: Peter Strobel) S. 139 unten

Badura, Joachim S. 171

Coelln Coloer S. 180, 183

Damm, Jochen S. 172 oben links

Deutsches Fastnachtsmuseum, Kitzingen S. 117, 118 links, 118 rechts

Dick, Walter S. 143, 144, 151

Esser, Manfred, S. 173 Mitte

Fastnachtsmuseum Narrenschopf, Bad Dürrheim
S. 122 oben, 122 unten

Fasnachtsmuseum Schloss Langenstein, Eigeltingen S. 120 oben, 120 unten

Fluck, Anne-Doris vordere Innenklappe (Karte), S. 12, 98 oben*, 98 unten, 99 oben, 99 unten, 100, 101, 104 links, 104 rechts*, 105 links, 105 rechts
(*Visualisierung der CAD-Zeichnung: Firma eyelikeit, Düsseldorf)

Foto Cox, Wim S. 66f.

Foto von Ehrlich S. 140 oben

Fuhrmann, Hans-Georg/Kulik, Roland S. 172 unten

Gauger, Peter vordere Klappe, S. 5, 13, 62 rechts unten, 160, 161, 169, 179, 192

Gemeinnützige Gesellschaft des Kölner Karnevals mbH (Foto: Fuis Fotografie, Köln) S. 11

Goliasch, Rolf und Lydia S. 173 oben

Historisches Archiv der Stadt Köln S. 20 unten, 145 (Foto: Theo Felten), 146 (Foto: Theo Felten)

Jokesch, Helmut(Ing.), Innsbruck S. 125

Kölnisches Stadtmuseum/Rheinisches Bildarchiv der Stadt Köln
S. 30 unten, 52 links unten (Foto: Wolfgang F. Meier), 52 rechts unten (Foto: Wolfgang F. Meier), 77 (Foto: Wolfgang F. Meier), 127, 135 (Foto: Wolfgang F. Meier), 137 unten

Kölnisches Stadtmuseum vordere Klappe, Umschlagrückseite, S. 4 oben, 6, 7, 8 unten, 9, 13, 31, 32f., 34 unten, 37, 75, 78, 79, 82, 83, 84 oben, 84 unten, 126, 128 oben, 128 unten, 129, 130, 131, 132, 133 oben, 133 unten, 134, 136 oben, 136 unten, 137 oben, 139 oben, 140 unten, 141 oben, 142 links (Foto: Julius Radermacher), 142 rechts, 147 oben (Foto: Ludwig Lang), 147 unten, 155

KölnTourismus S. 162

Kunsthistorisches Museum mit MVK und OTM, Wien
S. 12, 18f., 23

Linke, Manfred vordere Klappe, S. 13, 58 rechts, 62 links unten, 63, 68 unten, 158, 159, 164 oben, 185

Musée International du Carnaval et du Masque, Binche/Belgien
S. 111 oben, 111 unten

Oberrheinische Narrenschau, Kenzingen S. 124 oben, 124 Mitte

Ohlig, Christian vordere Klappe, hintere Innenklappe, S. 13, 58 links unten, 61 links, 152, 153 oben, 153 unten, 163, 166, 183

Reproduktion aus: **Michael Euler-Schmidt, Peter Strausfeld** (1910–1980). Ein Kölner Künstler in der Emigration, Köln 1987. S.138

Reproduktionen aus: **Peter Fuchs/M.-L. Schwering**, Kölner Karneval. Zur Kulturgeschichte der Fastnacht, Bd. 1, Köln 1972. S. 4, 43, 51

Rheinisches Amt f. Denkmalpflege (Foto: S. M. Wolf, 01/1995), S. 24f., 27

Rheinisches Bildarchiv der Stadt Köln S. 85

Röder, Dieter S. 173 unten links

Römisch-Germanisches Museum/Rheinisches Bildarchiv der Stadt Köln S. 16, 17

Römisch-Germanisches Museum (Foto: Sandra Siegers) vordere Klappe, S. 12, 14

Schmiing, Henning S. 173 unten rechts

Siegele, Ralf S. 110, 112, 113, 114, 115, 116, 119, 121, 123 oben, 123 unten, 124 unten

Tewes, Frank, Redaktion DAT WOR ET Umschlagrückseite, S. 5 unten, 8 oben, 61 links, 69, 70, 71, 156, 157, 164 unten, 165, 167, 168, 174, 175

Weber, Jörg und Horst S. 172 Mitte

Wirtz, Hansherbert S. 148

Yad Vashem, Jerusalem S. 141 unten

Zik S. 149

Leider war es nicht in allen Fällen möglich, die Inhaber der Bildrechte ausfindig zu machen. Irrtümer oder Versäumnisse werden selbstverständlich korrigiert.

Impressum

Titelabbildung: Lappenclown aus der Porzellanmanufaktur Meissen, Jörg Danielczyk, 2003, fotografiert von Fuis Fotografie, Köln

Bibliografische Information Der Deutschen Bibliothek
Die Deutsche Bibliothek verzeichnet diese Publikation in der Deutschen Nationalbibliografie; detaillierte bibliografische Daten sind im Internet über http://dnb.ddb.de abrufbar.

Das Kölner Karnevalsmuseum wurde gefördert mit Mitteln des Landschaftsverband Rheinland, der Sparkasse KölnBonn, der Kreissparkasse Köln, der Gemeinnützigen Gesellschaft des Kölner Karnevals mbH, des Vereins „Heimatmuseum Köln e.V.“, durch das Architekturbüro Hanspeter Kottmair sowie durch private Spenden und ehrenamtliches Engagement.

1. Auflage 2005

Lektorat:
Kirsten Nagel, Köln

Einbandgestaltung und Layout:
Sanna Nübold, Köln

Bildredaktion:
Marcus Leifeld, Bonn

Reproduktionen:
Reprowerkstatt Wargalla GmbH, Köln

Druck:
Druckerei J. P. Bachem GmbH & Co. KG, Köln

Printed in Germany

ISBN 3-7616-1918-9

www.bachem.de

Mer loße de Dom en Kölle
KGS

mangoon

Buchhandlung